Yvon Lamy

Croire en son destin

Yvon Lamy

Croire en son destin

L'accompagnement par l'art: de l'art à l'art-thérapie

Éditions Vie

Imprint

Cover image: www.ingimage.com

Publisher:
Éditions Vie
is a trademark of
International Book Market Service Ltd., member of OmniScriptum Publishing Group
17 Meldrum Street, Beau Bassin 71504, Mauritius

Printed at: see last page
ISBN: 978-620-2-49566-0

Croire en son destin

De l'art à l'art-thérapie

par Yvon Lamy art-thérapeute

L'accompagnement par l'art

Auteur de Marie Revai Pionnière de l'art thérapie au Québec

Imprimé au Canada

Je dédie ce livre à tous mes clients depuis trente ans de pratique en art-thérapie,à mes mentors Gérard Fortier, Beth Robinson, Marie Revai,Julia Buyers, Pierre Grégoire, Nancy Humber

Paroles de la chanson interprétée par Nicoletta

Moi qui ne croyais rien
Aujourd'hui crois en mon destin
Pour trouver la vérité
Il me suffisait de chanter

Pour moi la musique
Oui, la musique
Je le sais sera la clé
De l'amour, de l'amitié
{2x}

Alors toi mon ami
Dont les jours sont de pluie
D'heures toutes perdues
Écoute et souris
Oui souris à la vie
Oublie tous tes ennuis
Ne sois plus triste
Le rêve existe
Ne cherche pas trop loin
Ce qui est au creux de ta main
Regarde le soleil briller
Écoute les oiseaux chanter

Préface

Pourquoi écrire? Certains le font pour raconter des histoires qu'ils ont imaginées et nous divertissent et nous font vivre des émotions. D'autres ont des connaissances à transmettre et ils les présentent dans un ouvrage afin qu'elles soient conservées et accessibles. Il y a aussi le journal ou les pages que nous écrivons qui témoignent de nos expériences, de nos réflexions, de nos souvenirs et qui nous empêchent d'oublier au fur et à mesure que nous continuons notre parcours, les étapes de notre vie et qui représentent peut-être un secret désir d'être lu, compris dans nos questionnements et réconciliés avec nous-mêmes. Jean-Jacques Rousseau désirait se confesser au monde sans ménagements mais avec le désir d'être compris dans sa vérité.

Après avoir écrit la biographie de Marie Revaï, j'avais l'impression d'avoir tracé le portrait d'une héroïne qui m'avait donné accès à son parcours de vie. Elle m'avait inspiré et j'avais senti sa fierté d'avoir eu la vie qu'elle m'a racontée. Elle m'a un peu servi de modèle dans ma nouvelle vie à quarante-trois ans et elle m'a souvent encouragé à poursuivre la route comme art-thérapeute. Je n'ai pas eu accès à son côté sombre, l'obscurato comme disent les espagnols, sauf à la toute fin de sa vie où elle se sentait démunie face à la maladie.

C'est ce côté en moi-même que j'ai trouvé plus difficile à assumer et qui m'a poussé à chercher à me dépasser pour trouver la fierté dont je crois avoir été privé très jeune dans mon milieu familial. C'est là que la phrase de Jung prend son sens : je suis ce que je décide de devenir. Écrire est-il un projet égoïste, pour moi, ne servant qu'à me valoriser ou à me réconcilier avec ma vie imparfaite d'où j'étais sorti blessé. « N'as-tu pas entendu parler du Guérisseur blessé? » me demanda Nancy Humber, ma superviseure de stages.

Lorsque j'ai lu Le code caché de votre destin par James Hillman, j'ai senti que ma vie avait eu un sens dès le départ, que j'avais un destin, une mission personnelle qui m'avait poussé à avancer vers une destination qui me révélait à moi-même au fur et à mesure que je m'y aventurais. Notre mission personnelle viendrait de notre histoire de vie selon la philosophie proposée par la formation en accompagnement spirituel que j'ai reçue au Pèlerin. Cette mission nous concerne, quel intérêt peut-elle avoir pour les autres? Toute ma vie j'ai été emmené à développer des talents qui m'ont servi à accompagner les autres comme chanteur qui divertit, comme professeur de Yoga qui rassure en apaisant, comme graphiste qui aide à vendre en utilisant son imagination pour attirer et séduire et finalement comme éducateur et thérapeute par l'art qui console, sort de l'isolement et aide à trouver une vie intérieure, un sens à sa vie.

Je crois que dès ma naissance, je me suis retrouvé dans un milieu familial où j'ai maintenant l'impression d'avoir manqué d'accompagnement. Est-ce la raison de mes nombreux choix professionnels où j'ai eu un rôle d'accompagner des personnes qui avaient souffert d'un manque d'accompagnement? Marie Revaï disait que face à l'anxiété de sa mère avec un mari médecin de guerre, elle s'était plongée dans ses cahiers à dessiner, à l'âge de trois ans.

L'art a été souvent une source de réconfort pour moi aussi et j'ai découvert plus tard que je pouvais aussi transmettre une sorte de consolation et de stimulation par mes talents artistiques ou par ma capacité d'utiliser l'art comme outil de communication. L'art m'a d'abord permis de survivre à mes carences affectives en me procurant une identité et j'ai découvert que je pouvais aider d'autres à découvrir leur identité et à surmonter leurs manques.

J'écris ce livre afin d'offrir un accompagnement aux personnes qui en éprouvent le besoin ayant souffert du manque, afin qu'il reste de moi à soixante-quinze ans et une carrière de trente années comme art-thérapeute, un outil qui me survivra et consolera, sortira de l'isolement ou rassurera les personnes qui le liront car ma mission pourra ainsi continuer. J'espère qu'il inspirera des personnes à découvrir leur valeur et leurs capacités de se donner une vie plus remplie en explorant leur potentiel humain par l'art comme outil de réalisation de soi..

Je vous invite donc à ne pas abandonner vos rêves et votre mission de vie. Tout dernièrement j'explorais le rôle de l'art pour des personnes faisant une démarche de retour au travail. L'art peut contribuer à réduire l'anxiété que cette démarche peut générer. Certaines personnes ont vécu un stress post traumatiques suite à un épuisement professionnel ou un échec. Elles ont besoin de moyens de se reconstruire. J'ai constaté que l'art était un outil pour se connaître mais aussi pour découvrir nos potentialités. L'art-thérapie est un outil d'éducation psychologique pour aider des personnes à gérer leurs appréhensions ou leur stress, à se doter de stratégies de motivation, a exercer leurs capacités de communication, à identifier leur tempérament, leurs affinités, leur savoir , leur savoir faire et leur savoir être. L'Éducation par l'art nous apprend qu'on peut tout apprendre par l'art.

Avant-propos

La nuit du 3 janvier 2016, j'avais du mal à dormir. Vers 6 heures je me suis levé avec l'idée de retrouver des dessins que j'avais exécutés longtemps après avoir écrit sa biographie à partir de ce que Marie Revaï m'avait raconté,. En fin de compte je constate nous demeurons toujours en lien avec le passé grâce à des images mentales.

L'artiste en arts visuels transpose ce qu'il enregistre, en images et les dessins suivants, réalisés au pastels sont ma façon de me représenter quelques moments de la vie de Marie Revaï. Elle ne les a jamais vus mais ils me permettent de transmettre son histoire.

Marie faisant son art-thérapie

Son père étant médecin de guerre, sa mère était inquiète et Marie se sentant délaissée se plongeait dans ses cahiers pour dessiner. « C'était peut-être déjà mon art-thérapie » avait elle dit à un psychologue qui lui avait demandé ce que l'âge de trois ans lui rappelait.

La vie des sœurs Revaï

Les sœurs Revaï étaient heureuses à Budapest, jouant au tennis et vivant leur jeunesse. La vie les a pourtant emmenées plus tard, à s'expatrier vers le Québec pour échapper aux tensions politiques.

C'est ainsi que j'ai imaginé Marie et sa sœur Élisabeth regardant Budapest,la ville dorée qu'elles allaient quitter définitivement en 1947 pour aller vivre à Paris. Dépossédées de tous leurs biens après la mort de leurs parents, elle retrouveraient la famille maternelle française à Neuilly sur Seine, pendant quatre ans. Mais en 1951, on parlait de nouveau de tensions politiques venant de la Corée et de possibilité d'une troisième guerre mondiale. Cela les poussa à partir de l'Europe ne pouvant supporter l'idée d'une autre période d'agitation sociale. Marie avait d'autres expériences à vivre qu'elle ne soupçonnait pas.

J'ai dessiné cette scène en pensant qu'elle était demi-juive par son père. La lumière est centrale dans ce dessin. Avant de partir en France, Marie avait vécu sa carrière d'artiste. Elle avait obtenu son baccalauréat en beaux-arts en 1936. Elle avait exposé ses œuvres à Paris, à partir de 1937 et enseignait le soir, l'histoire de l'art, dans la salle d'attente de son père,

J'avais trouvé dans ces cartables que m'avait légués, sa sœur Elisabeth un dessin de son premier travail dans une usine de chapeau. »J'ai dû commencer au bas de l'échelle» avait-elle dit. Ses cours de dessin avec le cubiste André Lhote lui avait servi pour développer les formes des chapeaux. Elle a ensuite enseigné au Musée des Beaux-Arts de Montréal du temps d'Arthur Lismer et avait accepté par la suite, un poste comme artiste ;a l'Institut Allan Memorial, un hôpital psychiatrique où elle travailla pendant 19 ans.
J'ai dessiné comme je me l'imaginais, la fenêtre d'où elle regardait le Mont-Royal. Dans ce local qu'elle avait aménagé et qu'elle appelait le Art room, elle accueillait les patients et je l'ai aussi imaginée à côté d'un patient auquel elle enseignait l'utilisation des matériaux d'art.

On peut apprécier la qualité du trait de Marie et son sens de l'espace où travaillaient les couturières étirant les feutres sur les formes.

Je n'ai pas dessiné la salle d'art avec ses perruches, son aquarium, le lapin dans sa cage, qui mettaient les patients en contact avec la vie. Cela leur permettant surtout de sortir de leur chambre et de vivre l'expérience de l'expression par l'art. J'ai préféré représenter son geste chaleureux envers la personne qui se rendait à l'atelier. Elle incarnait l'approche de son compatriote hongrois le psychanalyste Ferenczi qui croyait qu'il fallait communiquer l'affection dont les personnes ont souvent beaucoup manqué par l'attitude chaleureuse. Marie aimait ces grandes fenêtres donnant sur le Mont-Royal avec ses arbres magnifiques. Dans la salle d'art elle entretenait des plantes et avait réunis des objets pouvant agir comme sources d'inspiration comme des épaves trouvées dans la nature, des sculptures, des vases pour des natures mortes.

Regardant par la fenêtre , elle regarde deux perruches comme il y en avait dans son atelier d'art , qui volaient librement. Inconsciemment j'ai peut-être voulu exprimer son désir de se marier et d'avoir des enfants, qu'elle n'a jamais réalisé refusant d'abandonner sa sœur.

J'ai exécuté ces dessins en voulant partager ma vision de ce qu'elle m'avait raconté. C'était comme un film que j'avais l'impression de vivre
en même temps.

Les mères spirituelles

La venue de Marie et sa sœur Élisabeth au Québec m'a permis de connaître deux femmes de valeur. Et j'ai rencontré Marie alors que j'avais quarante-trois ans. Elle en avait maintenant soixante-douze. Je me représente devant mon ordinateur écrivant son histoire et un peu celle de sa soeur..

Écrire sur Marie Revaï

Est-ce que je baignais dans la lumière de son apport dans ma vie pendant que j'écrivais ses mémoires et que j'y trouvais une inspiration pour ma propre vie.

Marie dans les derniers temps de sa vie

C'est en décrivant ce moment qu'on m'a rapporté. où une stagiaire dessine une scène de Budapest à la demande de Marie, que je commençais sa biographie. J'ai voulu dessiner comment je l'imaginais cette scène dont on m'a parlé et qui m'avait fait sourire alors qu'elle était encore capable de s'affirmer. La stagiaire voulait lui faire faire de l'art-thérapie en collant des formes de plastique sur un tableau magnétique. Elle s'était rebiffé et lui avait dit:» Mais ce n'est pas de l'art-thérapie, je sais ce qu'est l'art thérapie, je suis une art-thérapeute! Elle demanda des pastels et du papier. Elle demanda à la jeune fille de dessiner ce qu'elle lui décrirait. Elle lui fit dessiner l'île Margrit sous le pont de Budapest où elle aimait aller jouer au tennis. Lorsqu'elle vit la forme de l'île apparaître, elle était très contente. Retrouver des lieux aimés grâce à la mémoire visuelle fait du bien.

Chapitre 1 Une récolte d'images du rêve

Après avoir écrit ce que je croyais être mon livre sur l'art, une biographie sur l'apprentissage de l'art et sur l'art-thérapie, je me rendais compte que j'avais voulu me raconter avant tout. Mais qu'en retirerait celle ou celui qui l'aurait entre les mains? Une image hante mon souvenir quand je pense à mon travail c'est celle d'Aladin enfermé dans sa grotte et pleurant au-dessus de la vieille lampe trouvée qui semble inutile et de laquelle il essuie ces larmes. Ce pastel a été exécuté par Gail H. et à chaque fois que je le vois je suis touché.

Igla (anagramme de Gail) exprime l'impact de sa rencontre avec Aladin. Elle le représente dans la grotte lorsqu'il se trouve enfermé par le sorcier et qu'il pleure et qu'en voulant essuyer ses larmes tombées sur la lampe, le génie se manifeste.

En pensant à cette image je me rappelle que ma collègue et amie Denise Tanguay m'avait dit que l'art-thérapie devait se faire dans un état de rêverie. Je pense à la chanson de Nicoletta

Pinocchio essaie de nier qu'il a brutalisé le garçon mais la fée lui dit que son nez allongera à chaque fois qu'il mentira. Ayeth dans son style très particulier a représenté cette scène touchante.

J'ai découvert que le conte permet de s'identifier au personnage et à revivre ou comprendre à travers lui des aspects de la réalité. L'aventure du conte permet de travailler le modelage, le masque et les scènes de l'action. Nous ne cherchons pas les explications sur la symbolique du conte mais davantage, la résonance du conte pour la personne. Comment les aventures du personnage permettent de nommer ce qui apparente la personne à l'histoire et ce qu'elle apprend à travers son élaboration qui peut l'aider à gérer sa situation présente. Pinochio ment toujours. Il a frappé un autre garçon. La fée l'a vu faire. Elle lui demande s'il a frappé ce garçon et il dit que non. Son nez se met à allonger. Quelle résonance cela a-t-il pour Ayeth. Pour moi, les contes sont des outils d'éducation mais aussi de rééducation ou de réadaptation.

Le docteur D.Pivnicky,psychiatre à l'Allan Memorial(père de Mila Mulroney) était d'avis que les tragédies des mythes sont des manières d'essayer de découvrir ce que sont les humains et ce qu'est l'essence du monde. Cette recherche est la seule qui vaille pour un humain parce c'est la même chose de connaitre et d'être. (Parménides 4ième siècle). Je crois que le fil conducteur de mon livre est de garder à l'esprit qu'il faut croire à son destin et vivre son mythe personnel.

Le 13 juin 2011, j'étais au monastère de Saint Wandrille en Normandie et j'écoutais le matin un concert à Radio France. C'était le chant des Parques, Chant du destin avec Christian Telleman et le chœur et l'orchestre de la philarmonique de Berlin, On parlait de Maeterlinck auteur de Pelléas et Mélisande disant qu'il avait habité près de Saint Wandrille dans la commune de Rançon. Je me sentais donc en lien avec le lieu où je me trouvais. Le chant des Parques (ces fileuses du destin) me rappelait le livre du psychanalyste archétypal James Hillman Le code caché de votre destinée. Je réalisais comment la mythologie est présente sous différentes formes et comment elle a inspiré les artistes de tous les arts mais de tous les temps.

Après trente années comme art-thérapeute, je commence un bilan de ce parcours par des images en espérant que mon partage d'un cheminement à la fois des événements sombres qui marquent une vie et de ceux qui la tire vers un avenir de réalisations surprenantes, vous inspirera à voir la vôtre avec un regard plein d'espérance. Comme dans les contes, il y a toujours quelqu'un qui se présente, porteur de bonne nouvelle, alors qu'on se croyait perdu. Par contre il y a toujours une part d'ombre qui nous accompagne que nous devons affronter.

Voici une galerie virtuelle d'images choisies parmi tant d'autres qui me rappellent ces innombrables rencontres par le biais de l'art et du conte. Pas uniquement à partir du conte mais en même temps chaque image est porteuse d'une histoire, d'un mythe personnel. Le conte crée des images mais l'image renvoie donc au conte si on veut prendre le temps de l'investir du sens qu'elle recèle.

L.G. a choisi de représenter l'univers de Michel Tremblay, l'univers de la femme dans les romans de l'auteur. Cette image me touche parce qu'elle nous met devant le mur et le rêve de traverser le mur. L'art-thérapie par le conte permet à la fois d'exprimer nos limites et nos espérances. C'est en plaçant cette image que j'ai remarqué les oiseaux à gauche et la tête de la femme qui est entre eux et sa corde à linge.
Dans le processus de représentation du conte que la personne choisit, je fais appel à la collaboration entre les participants par le truchement des personnages des divers contes. Cela permet de rencontrer les personnages qui ont été mis en scènes par le choix des histoires des autres participants.

Ici La Belle confie son problème à Jack le chasseur de géants. Il devait l'aider à résoudre qu'elle est obligée d'entrer dans le château de la Bête. Le participant qui a choisi comme conte, Jack, lui répond qu'elle doit se mettre dans la peau de la bête. Il se voit lui-même dans le château. Il voit une bête mais elle a des attributs féminins (amicaux et un cœur) Il se dit qu'il doit faire confiance à son propre cœur et à celui de la Bête.

Nous pouvons voir comment la Bête incarne les peurs à apprivoiser. La personne avec des capacités limitées en peinture réussit à créer une scène saisissante avec des détails d'illustration qui démontrent comment elle est entrée dans ce conte à l'intérieur d'elle-même.

La Bête a partagé des trésors avec la Belle qui retrouve son amoureux après avoir fait sa rencontre avec elle. La sensibilité de la participante lui permet de créer cette image pleine de tendresse .

Voici le masque que le participant qui a choisi le conte de Jack le chasseur de géants a créé pour se représenter. Il a suivi la consigne de représenter deux côtés de Jack. Sur le côté à notre gauche, il y a des larmes qui tombent, des cheveux gris, sur l'autre côté il met le rouge de la vitalité et les cheveux blonds .

Dans sa figurine modelée dans l'argile et peinte, il a su montrer la joie du personnage avec sa lyre magique peinte couleur or. L'atelier portait sur la transformation du personnage passant de l'agile incolore à l'argile peint.

L'aspect magique du conte incite à explorer le merveilleux, le potentiel du personnage. Freud dans sa théorie de l'homéostase avançait une idée que j'ai mis dans ma thèse sur le collage comme outil thérapeutique. À l'instar du psychiatre Pivnicki il croyait lui aussi qu'on se transforme et on s'équilibre par ce à quoi on s'associe. Autant la Belle semble fragile dans La Belle et La Bête, autant Jack a l'air confiant.

La dégringolade de Jack et le son de la voix de l'ogre dans le coin gauche inférieur traduisent bien la séquence où le personnage perd pied. Pour rendre l'émotion il faut la ressentir, le participant a parlé de sa propre détresse et il a l'occasion de l'illustrer par personnage interposé.

Pauline est une participante qui est décédée en 2016. Elle a dû affronter beaucoup d'intimidation dans sa vie et son illustration du Petit Chaperon Rouge est très sentie. Le personnage semble vouloir fuir en dehors de l'image vers la droite. La posture arquée du Loup est menaçante, on sent ses griffes. L'art-thérapie sert à exprimer la peur, le réflexe de la fuite qui rejoint Laborit. Très minimaliste , cette scène n'a pas de décor pour distraire de l'essentiel de l'image, la relation entre les deux personnages.On verra plus loin un autre cheminement de Pauline.

J'

J'ai choisi cette scène parce que je la trouvais chatoyante par ses couleurs. Il est question de vie à découvert, de vie à l'abri des rayons menaçants. Qu'est-ce qui a inspiré la scène? On peut l'interpréter .La tente triangulaire bleue sépare l'image en trois sections. Le soleil ardent, la fleur qui s'étiole, la fleur épanouie au bout de sa tige, le centre ou les feuilles sont droites derrière la tente bleue. Le temps que la personne met à illustrer son idée, lui demande de s'intérioriser dans ce qu'elle ressent, comment le thème guide chaque décision de formes, de couleurs.

C

Les histoires réalisées individuellement sont parfois reprises en tentant de faire se rencontrer deux contes différents. C'est ce que nous avons fait à l'été 2013. Le groupe de huit s'était réduit à quatre images et finalement à une seule réunissant toutes les histoires en une murale collective par la technique du collage. L'ensemble produit une sorte d'apothéose. La thématique était **La culture d'enracinement,** celle de sa propre histoire, familiale, relationnelle et sociale. Les participants ayant eu à travailler en dyade et finalement en grand groupe ont découvert les personnalités dans le groupe et ont bénéficié d'être reconnu par l'autre, les autres dans leurs qualités, leurs fragilités. Je crois beaucoup à l'approche groupale et j'ai pratiquement toujours travaillé avec des groupes car je suis convaincu que l'énergie, la synergie sont d'un apport considérable pour les participants. Je suggère à des personnes accompagnées en individuel d'essayer de vivre l'expérience groupale pour aller plus loin dans leur connaissances d'eux-mêmes.

L'image suivante est un exemple de peinture individuelle sur un grand format de papier, 30"x60". Cela se veut une approche moins narrative, plus gestuelle donnant libre cours au senti dans le corps, les coups de pinceaux deviennent une sorte de danse pour libérer l'énergie, oser le geste sans réfléchir, sans contrainte. Après une période d'intériorisation, il est bon d'utiliser le processus d'expression dans une autre modalité qui l'apparente à la danse, à l'art vocal. « C'est la partie que j'ai préférée, me dit un participant. » J'ai suivi des ateliers de peinture gestuelle avec une ancienne élève du frère Jérôme qui leur disait de ne pas penser, de peindre. Cette modalité d'expression m'a beaucoup appris sur la peinture et j'ai commencé à l'utiliser comme une autre façon d'aborder l'art.

Je reparlerai de ce sujet lorsque j'aborderai en deuxième partie de ce livre, ma propre démarche en art.

Projet visibilité des ressources en santé mentale exposé au Musée des Beaux-Arts de Montréal en 2006

L'art avait ici une mission sociétale au service de la visibilité des organismes en santé mentale avec le thème De l'ombre à la lumière devient social, 50 ressources ont participé en envoyant des délégués pour les représenter. Les images étaient faites en dyades (deux personnes) une répondant à l'autre. Ici une personne s'est retrouvé seule. Jean-Jacques a lui-même répondu à son dessin et il décrit le dessin de gauche comme une explosion et celui de droite un oiseau qu'il identifie comme un symbole de paix et de lumière.

M. L. et M. S. : « Personnages dansant dans un paysage coloré et printanier comme réponse au personnage qui semble enlisé dans un paysage froid. »

Deux intervenants participent

B. K.: « J'ai voulu représenter un peu la tristesse, la difficulté mais il y a quand même une note d'espoir. Il y a une partie de l'image qui est une forme de lumière , une forme de pénombre. Puis, dans la pénombre, c'est l'agitation et puis les lignes sont un peu saccadées et ça tombe. Elles sont tombantes pour la tristesse. Et puis, la partie éclairé c'est la bouche, c'est la partie de nous-mêmes qui veut sortir de la difficulté. Puis, quand on trouve quelqu'un pour nous accueillir dans ce qu'on vit, on est capable peut-être de s'ouvrir à autre chose. C'est pour ça que j'ai mis l'oiseau qui est dans la noirceur qui est en bas, il devient…il se fond à cette lumière -là. »

R. B.: « Moi, quand j'ai fait la réponse, je n'ai pas pensé dans l'optique de l'intervention du moins pas consciemment. Ce que je voyais à gauche, c'était quelqu'un de triste qui n'a presque pas de limite, il se confond presque avec l'espace au alentour. Je me suis dit l'œil grand ouvert c'est un œil qui regarde vers l'oiseau et je trouvais ça difficile à définir alors, je l'ai laissé là. Ma réponse était premièrement de trouver la paix intérieure. J'ai fait quelqu'un qui peut fermer son œil et qui peut se sentir en confiance, qui ne sera pas menacé par les souvenirs et j'ai remarqué après tout que ça me ressemble et que je m'identifiais beaucoup à cette face à gauche. Quand je pense à mon organisme ça se compare à moi parce que je suis immigrant 2 fois, j'ai immigré dans 2 pays différents. Je me sens en paix avec ça parce que j'ai vécu des choses comme ça. »

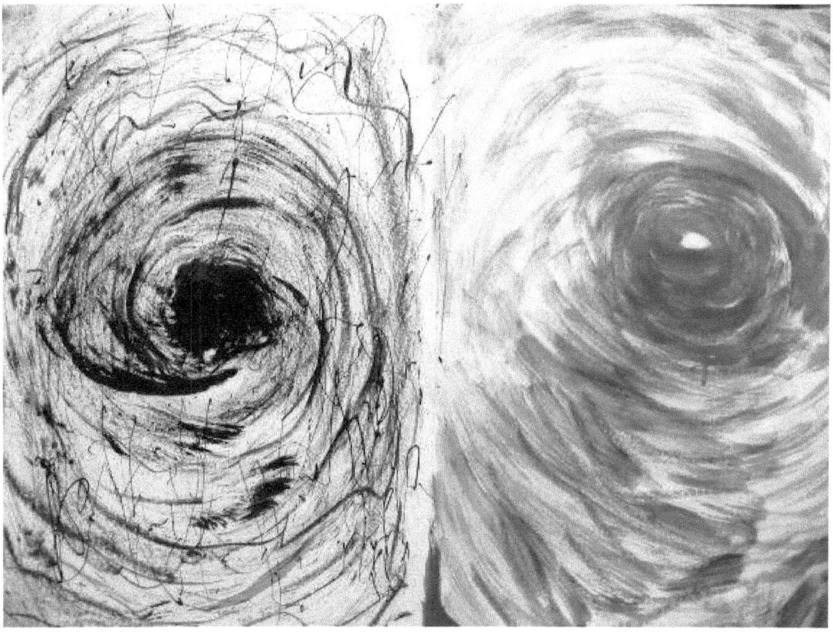

M..P.

Bien moi quand j'ai vu le dessin à Chantal, j'ai vu vraiment l'obscurité, c'est dans le tunnel. Souvent, quand on a la problématique en santé mentale quand on se sent plus aller vers le tunnel, c'est vraiment la souffrance.

Mais d'un autre côté, j'ai voulu répondre par la clarté et la spiritualité.

Il faut s'accrocher à quelque chose quand on a cette maladie, si on l'a, il faut « dealer » avec mais je pense qu'avec la spiritualité, on peut arriver plus à voir la lumière, la clarté et puis s'engager. Et puis, mon blanc, j'y suis pas arrivé vraiment, j'ai voulu faire un œuf qui veut dire la naissance parce que probablement que dans une vie, on peut avoir cette obscurité là mais dans la vie intérieure, on peut finalement aller vers la lumière, une nouvelle vie éventuellement. »

C. G. : « Moi, c'était le point du milieu, c'était l'apparition de la maladie mentale. Puis, c'est tout le tourbillon, à un moment donné, le cercle vicieux donc de pas avoir l'impression de pouvoir s'en sortir. En même temps, oui il y a beaucoup de souffrance mais il y a la vie, ça bouge, moi je voulais représenter le mouvement. En regardant mon dessin de plus loin, j'ai réalisé que parfois il y a comme un genre de tourbillon comme dans l'évier qui s'en va alors c'est ça, on peut s'en sortir. Il y a la possibilité de s'enfoncer et de s'en sortir. C'est ouvert finalement, c'est pas fermé. J'ai fini par toute sorte de zig zag, ça peut aller dans tous les sens.

Il y en a tellement d'images qui me touchent pour diverses raisons. Il y a des histoires de vie derrière cet univers d'images. Elles sont nombreuses aussi et très différentes les unes des autres. Certaines personnes arrivent de l'itinérance très meurtries physiquement et moralement.

Chapitre 2
Travail avec diverses clientèles :
Les enfants

Mon premier milieu de travail a été l'école primaire Samuel de Champlain à Longueuil que mes enfants fréquentaient. Je devais travailler avec des enfants. Bien que j'ai travaillé très peu avec les enfants, j'en conserve un souvenir très puissant. C'était en 1983, trente ans plus tard, je continue de me rappeler ces quelques mois de stage avec émoi. Aujourd'hui je comprends l'importance de l'enfance dans le développement personnel et j'espère que ces enfants ont conservé un souvenir de notre brève relation à travers l'art, l'art-thérapie. Je sentais la puissance de l'art pour les rejoindre et par la suite je n'ai travaillé qu'avec des adultes mais de plus en plus avec la conscience de l'enfant intérieur de chaque personne.

Je devais être imaginatif, audacieux avec les enfants car ils avaient beaucoup d'énergie à canaliser et il fallait que les projets les intéressent. Ils avaient construit un radeau géant avec des tubes de papier-journal attachés ensemble puis une grande voile d'un pan de papier. Ils pouvaient embarquer dedans et jouer à être en mer. Ils avaient aussi construit une maison. Dans la photo nous voyons deuxenfants travaillant à créer un bateau, sorte de rafiot..

Marie Revaï, mon mentor avait travaillé avec les enfants à l'école du musée.Arthur Lismer, le directeur et membre du Groupe des Sept, ne voulait pas qu'elle enseigne, voulant qu'elle les laisse s'exprimer à leur guise. Je sentais que je devais y aller de mon intuition. Le conseil de Michael Edwards était que la chose la plus importante était l'intuition. Ces enfants avaient des difficultés d'adaptation au cadre scolaire régulier. On croyait qu'ils pouvaient bénéficier d'une démarche d'intervention additionnelle à cause de perturbations dont ils manifestaient les symptômes dans leur attitude et leurs comportements. Au début je les invitais à se délasser au sol sur des matelas : faire des roulades, des culbutes, se tenir debout sur les mains, s'amuser physiquement en énergisant le corps et en détendant le système nerveux. Cette approche me semblait nécessaire pour communiquer avec eux sur le plan physique.

À l'instar de l'art-thérapeute française Anne Denner dont Marie Revaï m'avait parlé, qui travaillait à l'hôpital Mont Ste-Anne à Paris et qui a inventé la technique, je leur faisais faire ces exercices de *détente pictographique*, ceux-ci consistaient à se tenir debout bien droit, bras en avant, tenant un outil (craie, pinceau) et tracer des lignes horizontales, verticales assez rapprochées les unes des autres, puis des cercles en respirant avec le geste, terminant avec des arabesques.

Lors d'une seconde rencontre, à partir de bandes dessinées créées spontanément, les enfants racontaient des histoires me faisant participer, prenant des voix d'un personnage selon leur suggestion. Puis nous sommes passés à l'utilisation de l'argile.
« Je veux faire une masse pour assommer mon chien» dit un jeune garçon. Pris au dépourvu, je n'étais pas prêt à intervenir. Je les ai invités à lancer la terre sur une toile tendue au mur où je leur dis que cela était permis, mais pas ailleurs. Ils se sont défoulés et se sont calmés.

Je me souviens que leur professeur d'art plastique de l'école appréciait mon travail car elle devait animer plusieurs classes par semaine de 30 à 35 élèves pendant 50 minutes et réussir à leur faire terminer un projet, se déplaçant vers deux ou trois écoles. L'enseignement de l'art était assez stéréotypé et fonctionnel.

Bien que mon expérience ait été brève, l'Automne 82 et l'hiver 83, j'ai appris beaucoup sur la puissance de l'art pour contribuer à l'épanouissement d'enfants perturbés. Mais l'art sans l'empathie et l'alliance thérapeutique n'opérera pas les changements souhaités. Pour ma part je considère que nous avions effleuré le changement souhaitant que la vie continue cette lancée si encourageante. Par le biais de cette recherche ,j'espérais susciter un intérêt pour l'art en milieu scolaire et ce type d'intervention ou cette approche dans l'utilisation de l'art dans un but thérapeutique.

Avant l'expérience dans le milieu scolaire, mon tout premier stage avait été effectué auprès de personnes âgées vivant dans des résidences encadrées par les Services sociaux aux Familles juives mais mon deuxième était avec les enfants. Il y aurait une livre à écrire sur le travail avec les enfants. J'en étais venu à les voir individuellement car le groupe était difficile à gérer et j'ai favorisé une approche seul à seul après réflexion. Lorsqu'on entend les professeurs épuisés de la nécessité de faire plus de discipline que d'enseignement véritable dans des classes dites régulières on peut comprendre le dilemme.

Les personnes âgées

Mes stages les plus nombreux, environ cinq années, ont été d'abord avec les personnes âgées. Dans cet ouvrage , je ne saurais raconter tout ce que j'ai vécu à leur contact. J'ai surtout découvert que malgré leur âge impressionnant, 80, 90 ans et plus, ils travaillaient à dessiner ou peindre autour d'une table avec beaucoup d'intensité . J'ai eu le privilège de rencontrer Ann Greenstein du Centre Golden Age de Côte des Neiges à Montréal, et je n'en revenais pas de voir la beauté et la puissance des œuvres , notamment les sculptures dans la pierre sur lesquelles les aînés pouvaient passer plusieurs mois.

J'ai vu dans mes ateliers, des transformations dans les images, qui témoignaient d'un grand changement dans la personne, dans le corps et dans l'esprit. Je voyais que l'art leur apportait une détente validée par la baisse de médicaments pour dormir, et une plus grande sérénité. Les personnes atteintes de la maladie d'Alzheimer avaient du plaisir à faire des choses simples. Un jour je voyais que les femmes tentaient de découdre les bords de leur robes, un geste familier pour des femmes qui avaient défait des vêtements pour en tailler d'autres. Je pensai que déchirer leur ferait du bien. Alors nous avons déchiré du papier journal , nous avions aussi fait des boulettes de papier que nous nous lancions d'un bord à l'autre de la table. Cela les avait fait rire et leur avait procuré une détente.

J'aurais pu continuer à travailler avec cette clientèle mais j'ai dû faire un stage dans le milieu psychiatrique. Ce fut d'abord à l'hôpital Ste Jeanne d'Arc, puis dans le centre communautaire Solidarité Psychiatrie. Je ne savais pas que de tels organismes existaient. Je pensais que les clients qui sortaient de l'hôpital auraient besoin de lieux pour continuer leur démarche par l'art. Ainsi lorsque j'ai participé à la fondation du Cap peu après, j'ai vu avec joie, certains de mes ex-clients arriver pour s'inscrire aux activités. .

Mon désir après toutes ces années de travail est de pouvoir montrer comment l'utilisation de l'art comme moyen de se connaître, de s'aider à s'accepter et à s'améliorer est réel mais comment cette approche rejoint aussi des démarches provenant de pratiques populaires comme les rituels primitifs de guérison , donc venant de l'anthropologie pour en nommer une. Lorsque la Loi 21 est venue définir l'art-thérapie comme une forme de psychothérapie exigeant que ceux qui la pratique se dotent de formations supplémentaires d'appoint afin de bénéficier du droit de pratiquer la psychothérapie, j'étais assez bouleversé ayant eu une formation au niveau de la maîtrise qui m'avait donné le droit de pratiquer l'art-thérapie. L'art-thérapie qui n'est pas considéré.de la psychothérapie lui donne un rôle d''éducation psychologique et d'accompagnement de la personne. J'ai intitulé mon livre *L'accompagnement par l'art* parce que je me vois dans un rôle de support de la personne en l'invitant à faire des images pour se révéler à elle-même et mieux se comprendre.

On me rapporta qu'une membre de notre association avait dit que l'art-thérapie n'existait plus. Je fus effondré et en parlé à notre président qui me répondit que cela n'avait pas de sens. Notre profession bien qu'elle n'ait pas encore d'ordre professionnel, existe bel et bien et découle d'une formation reconnue. Les psychanalystes n'ont pas d'ordre professionnel et ils existent. J'envoyai le message dans le réseau que nous devions être fiers de notre profession qui n'a aucun équivalent.

J'évite maintenant de parler de modèles théoriques provenant de la psychologie car je ne me définis plus par la psychothérapie par l'art qui est réservée aux personnes qui ont le statut de psychothérapeutes depuis 2014. À 74 ans, j'ai donc choisi de m'identifier comme art-thérapeute et non de psychothérapeute. J'évoque par ailleurs la position de Michael Edwards, que j'ai mentionné auparavant, fondateur du programme en art-thérapie de l'université Concordia à Montréal qui fait remonter l'origine de l'art-thérapie aux Romantiques français comme Géricault, et espagnol comme Goya et Fuseli, aux Anglais Blake et Hogart et Virginia Wolfe où l'art servait à décrire les émotions et à les traverser par l'écriture ou la peinture. Edwards trouvait également important d'être familier avec les univers culturels, les mythes, les contes qui recèlent du sens, à explorer en lien avec son histoire personnelle afin de trouver son mythe personnel.

La psychologie clinique a un discours qui lui est propre qui diffère de l'approche symbolique qui a été explorée par certains psychologues qui se sont intéressés à l'image et aux processus de création. Mon approche en art-thérapie propose divers objectifs comme la connaissance de soi et l'exploration artistique au service de cet objectif. Cela inclut l'approche pour le développement de l'estime de soi.

Dans ma formation en Education par l'art j'ai eu à approfondir la connaissance de l'art, la psychologie de l'art, la philosophie de l'art, les théories modèles de l'art. L'art a un rôle d'actualisation de soi, de croissance personnelle. J'ai eu diverses thématiques mais aussi diverses approches pour répondre à des besoins différents. L'Éducation par l'art m'incitait à me voir aussi comme un professeur mais à la manière de Florence Cane, une autre pionnière dont la manière d'enseigner faisait appel à diverses dimensions de l'être à l'instar de Viktor Lowenfeld un grand pédagogue de l'art , que mon collègue, le pionnier Maurice Brault, affectionnait, qui s'est penché sur des approches adaptées aux divers besoins des clients vivant des conditions particulières comme la déficience intellectuelle. Maurice Brault qui a travaillé dans le milieu de réhabilitation au Constance Lethbridge a fondé un atelier d'art-thérapie pour les personnes atteintes de cancer pour la Société québécoise du cancer.

La plupart des personnes ont un grand besoin d'exprimer ce qu'elles ressentent mais leur entourage est souvent peu disponible ou n'est pas apte à entendre ce qu'elles ont à exprimer. Et même lorsque la personne trouve une oreille, il n'est pas facile pour elle de savoir comment exprimer ce qu'elle ressent. Le but de s'exprimer est de faire le point par une éducation psychologique permettant de mieux se connaitre comme personne, prenant conscience de son potentiel et en le développant et en réalisant des buts qui lui apparaissent importants.

La mythologie m'a apporté une manière de voir la vie comme une aventure sérieuse remplie de défis et d'obstacles. C'est pourquoi on ne peut confier l'enseignement ou la thérapie à des personnes qui ne sont pas formées pour cela ou qui n'ont pas l'ouverture à ce qui est exigé pour exercer ce métier.

Le casque d'Hades nous parle de nous revêtir d'une force personnelle qui nous aide à affronter les défis. Je me souviens de Norma Wagner, ma première professeure en Éducation par l'art qui expliquait que lorsqu'elle se sentait plus fragile elle portait un certain vêtement qui l'enveloppait et lui donnait l'impression d'avoir une sorte d'armure pour se présenter dans une classe. Je n'ai jamais oublié cela. Elle nous invitait à trouver notre propre vêtement pour se sentir plus en contact avec notre force intérieure, de créer des outils pédagogiques. J'ai vu qu'elle avait raison et que l'accompagnement pouvait nous ébranler et nécessitait le développement de nos outils personnels. Nous avons chacun notre casque d'Hades à découvrir.

L'art-thérapie est une façon de donner une représentation visible à ce que nous sommes et nous vivons. Vous avez des besoins, des sensations et des sentiments, des idées ou croyances, des désirs mais aussi des souvenirs. Vous vous retrouvez dans certains cadres ou situations, vous vivez des relations, vous pouvez éprouver des chocs et des pertes significatives. Ce sont autant d'aspects de votre vécu. Ces expériences sont significatives dans la façon dont vous vivez votre quotidien qui peuvent représenter des chaines qui vous retiennent prisonnier ou des tremplin à partir desquels vous pouvez vous élancer vers un but.

J'ai remarqué que l'évolution sur le plan de la gestion des sentiments correspondait à une plus grande assurance dans l'expression et un sens esthétique plus poussé. D'une expression hâtive, chaotique, agressive, hésitante, vous en arrivez à une expression plus soignée, mieux organisée, patiente, investie, sûre avec un plus grand délai de la gratification, une consécration de plus de temps et d'efforts. Il m'apparait important de documenter des exemples de cheminement afin de vous démontrer cette dynamique.

Dans ma démarche je ne donne pas de conseils techniques, j'essaie de vous laisser découvrir votre potentiel en partant du principe que vous avez un potentiel inné à découvrir et auquel on pourra ajouter des apprentissages mais commencer par la découverte de votre propre héritage, qui vient de l'éducation et de ce qu'on appelle l'inconscient collectif. Bien sûr ayant été dans une formation en beaux-arts, j'ai appris beaucoup de techniques et j'ai développé mon attention perceptuelle en observant les détails, en saisissant la perspective atmosphérique, les espaces négatifs et positifs. Cependant lorsque je cherche à exprimer mes émotions je peux régresser jusqu'à une expression tout à fait primitive.

Je m'intéresse à l'art mais je trouve souvent difficile d'enseigner car il y a des théories de l'art qui se contredisent ou sont incompatibles donc je préfère laisser à ceux que l'enseignement intéresse, la tâche de transmettre les connaissances ou de proposer des façons d'aborder l'expression sur le plan conceptuel ou technique. Cependant j'aime enseigner dans la mesure où je peux démontrer un progrès ou comprendre ce qui vous empêche d'atteindre certains résultats ou encore comment l'individu donne à une même tâche une particularité qui lui est personnelle, constante, la plupart du temps. Il s'agit de voir aussi comment une évolution s'opère dans l'expression dirigée comme dans l'expression spontanée et en apprécier les motifs ou la dynamique. Parfois on peut le verbaliser, l'élucider ou du moins le constater avec la personne et continuer à cibler le but visé pour s'en approcher. Il est nécessaire de savoir si l'individu comprend les directives et peut se concentrer.

On peut être empêché d'atteindre le but par une incapacité à vouloir vivre l'émotion qui est déclenchée par la demande, une difficulté à exécuter une tâche, à la compléter, une difficulté dans la confiance en sa capacité technique, son imagination, sa créativité. En tâchant de mesurer ces difficultés, on peut apprécier le cheminement développemental de l'expression et comment il est souvent reflété par un cheminement développemental dans le comportement, les pensées, les sentiments, les situations de vie.

L'expression en art visuel n'est pas tout dans la vie. On peut voir un abandon, une baisse d'intérêt, un refus de poursuivre et les apprécier dans ce qu'ils ont de positif, l'intérêt s'étant déplacé vers un autre secteur du vital. On peut aussi apprécier comment l'expression a été un outil, un tremplin pour permettre ce changement amenant à réinvestir d'autres domaines de la vie de la personne d'une énergie qui n'était pas disponible et que l'expression a libéré et mis au service d'une potentialité qui était bloquée auparavant. Ainsi l'art-thérapie tout en ayant constitué un chantier intéressant n'est pas un but en soi, elle a servi à débloquer des énergies et on peut s'intéresser à ce qu'elle aura permis par ailleurs plutôt qu'à la performance artistique ou l'excellence bien que ces aspects peuvent parfois être incontournables et constituer un intérêt certain.

Il y a donc un intérêt dans l'être et dans le faire, dans l'individu et dans son expression, comme deux aspects essentiels et communicants, dans la dynamique qui nous intéresse et c'est ce qui constitue la perspective que je considère la plus significative sur le plan existentiel, non pas l'art pour l'art mais l'art au service de l'individu pour son mieux-être, pour la satisfaction de son être et non pas pour l'aspect pathologique de son expression. Ce qui peut être un voyeurisme. C'est aussi l'aspect évoluant de l'expression pour la même raison mais aussi pour une éducation du public sans oublier une éducation de soi où chacun est mis en situation d'explorer son potentiel créateur, son potentiel humain. Il s'agit de voir comment le cadre de soutien favorise une évolution des deux aspects en misant sur ses propres capacités plus que sur des théories ou modèles éducatifs ou développementaux mais qui ont tendance à émerger et à confirmer comme innés.

Je retiens l'expérience du professeur et chercheur David Pariser et sa théorie +1, qui a découvert qu'en avançant dans sa démarche l'individu traverse les divers stades de l'histoire de l'art instinctivement. Les théories ou les modèles se reflètent à des rythmes, des étapes qui diffèrent selon les personnes. Chacun a son point de départ qui lui est propre , une destination et une trajectoire aussi différente même si les démarches se rencontrent à certains carrefours.

Il ne faut pas oublier l'objectif de faire apprécier par le public, par l'exploration personnelle ou par des expositions éducatives, ces dimensions de l'expression artistique dont le but fondamental est le développement de l'individu sur tous les plans, donc holistique en ce qu'il se veut au service de la globalité de la personne. C'est l'approche de l'Éducation par l'art que j'ai apprise dans ma formation à l'université Concordia qui préconisait d'utiliser l'art comme moyen d'apprendre dans tous les domaines.

Je travaille depuis trente ans dans le cadre d'un organisme communautaire en santé mentale (Le Centre d'apprentissage parallèle de Montréal Le CAP) qui offre des services visant la réinsertion sociale par une réhabilitation au moyen de l'art. L'équipe dont je fais partie a partagé les expériences respectives de ses membres. Deux de celles-ci ont été des artisans dans le domaine textile alors que j'arrive avec un passé d'autodidacte comme artiste mais aussi une formation tardive en art et en art-thérapie qui m'a donné des assises non seulement pratiques mais aussi des modèles théoriques et des maîtres à penser.

Nous avons donc développé ensemble notre méthode. Nous étions d'avis qu'il faut croire en notre méthode et en documenter les résultats car bien que nous ne soyons pas uniques ou les premiers à utiliser les moyens de l'art dans un but de réhabilitation, nous étions tout de même passablement pionniers dans notre approche. Nous devions donc être patients et concentrer toutes nos forces sur l'application auprès du plus grand nombre de cette approche avec la plus grande fidélité aux principes auxquels nous croyions.

L'art et les métiers d'art ont été pour notre équipe de membres fondateurs un moyen de survie personnelle, à la fois matérielle et psychologique, car il a débouché sur un métier ou une profession mais il a aussi permis de traverser des difficultés personnelles. Donc nous sommes convaincus que l'activité artistique sert de moyen pour aider la personne dans son processus d'actualisation de son potentiel et la réalisation des buts que ce potentiel une fois révélé, rend possibles. Ensemble nous avons cheminé comme équipe avec cette vision qui faisait appel à la confiance, la persévérance et la générosité envers les personnes en besoin, pour l'accompagnement qui doit inculquer au participant (client) les mêmes qualités maitresses qui assureront son succès à court moyen et plus long terme dans tous les domaines de sa vie.

L'histoire des individus pour lesquels notre méthode a fait ses preuves nous est précieuse. Elle constitue un bagage susceptible de toucher l'imagination et le cœur, afin que d'autres viennent chercher les mêmes résultats pour eux-mêmes ou encore cherchent à élargir l'étendue de nos services à plus de personnes en nous aidant à nous doter de plus de moyens d'y parvenir. Cela inclut des effectifs humain, des lieux de travail plus adéquats, des équipements nécessaires aux diverses disciplines artistiques mais aussi des moyens de rendre les réalisations visibles par des expositions ou des moyens visuels de diffusion comme des films, des entrevues et conférences audio-visuelles dans des lieux accessibles au public. Nous travaillons donc à diffuser comment nous aidons ou voulons aider mais aussi comment nous pouvons être aidés à poursuivre la mission.

Quel regard l'art-thérapie porte-t-elle sur les œuvres?

La naissance est une dimension de la vie célébrée par les artistes, mais la souffrance est tout aussi présente, « Si les artistes, comme dit Robert Volmat de la SIPE(Société internationale de la psychopathologie de l'expression) peignent selon des motivations conscientes ou inconscientes même les oeuvres commandées, que penser des scènes suivantes :un St-Sébastien criblé de flèches, la misère d'une chambre d'hôpital, le visage de la pauvreté, le climat blasé de Lautrec, la sortie du paradis terrestre, la représentation des fantasmes.» Je trouve que ces tableaux nous parlent de la souffrance physique et mentale à laquelle nous sommes confrontés. La peur de l'inconnu, la désintégration de la pensée, la fuite dans le rêve, la fantaisie, la vie avec ses moyens d'exaltation, la recherche du contact avec les autres, sont d'autres thèmes. Ces œuvres traduisent la réalité que nous dissocions souvent du monde réel, trop centrés sur la valeur esthétique. Nous pouvons tuer le messager en oubliant le message et la demande qui est faite à celui qui regarde l'oeuvre.

D'autres symboles comme Hercule terrassant le Lion, parle de notre lutte avec les forces de la lumière tout comme le combat avec l'Ange dépeint par Gauguin qui m'apparaissent selon ma compréhension des iconographes des représentations de notre lutte avec l'orgueil, avec la tentation d'être plus fort que tout, ce qui constitue un défi .Cela représente peut-être la négation des luttes. Nous luttons donc à la fois contre la noirceur et contre la lumière, la lumière qui est la connaissance qu'il nous reste à affronter et le combat à mener contre l'orgueil, la résistance qui nous empêche d'accéder à une conscience dégagée de la peur et des préjugés.

En voyant la naissance d'Aphrodite, je vois la place à accorder à ce qui vient d'ailleurs. La recherche révèle qu'Aphrodite n'est pas venue par les chemins habituels, elle est un produit de la castration par Kronos, le Titan du dieu Zeus mais la semence d'Ouranos, le Ciel va flotter sur l'écume des mers et une déesse nait de cette semence, c'est Aphrodite. Elle est un peu le symbole de la victoire sur la castration, elle est associée au bonheur toujours actuel, le besoin de la joie intérieure et la magie de l'art, ce qui me fait dire que mon sujet c'est l'art dans le processus de réadaptation.

La castration parle de la blessure narcissique qui peut devenir féconde si elle est intégrée. Je reprends le titre de l'ouvrage du grand pédagogue Herbert Read, *L'Éducation par l'art,* qui dit :«L'art est aussi et de là dérive dans une large mesure, son importance éducative, un processus social car il constitue essentiellement un moyen de communiquer avec nos semblables.» L'interface de l'Éducation par l'art est bien la thérapie par l'art qui vise l'intégration de soi-même à travers l'imaginaire symbolique i.e. l'intégration du corps, des sentiments, des émotions, de l'intelligence et de la volonté.

Je ne cherche pas à identifier une pathologie à travers les productions artistiques qui proviennent de mes ateliers mais je m'en sers plutôt comme moyen de constater où en est la personne sur divers plans. Elle peut démontrer sa maîtrise technique, elle peut aussi démontrer sa capacité de traduire efficacement l'émotion, la représentation ou la transformation de la réalité. On peut bien sûr, à l'instar de Marie Revaï, parler des caractéristiques de l'image qui traduisent les difficultés de la personne dans son expression à cause de la pathologie par des lignes hésitantes ou agressives. Cela en soi n'aide pas la personne mais plutôt l'accompagnant à cultiver l'alliance avec elle-même pour l'aider à prendre confiance en soi.

Ce qui va aider la personne c'est le climat de l'atelier, les pistes à proposer pour poursuivre l'exploration du processus d'expression. On ne change pas le caractère mais on travaille avec une personne dont le caractère peut changer si
elle se sent accueillie, accompagnée, plusieurs ne se sont jamais sentis accueillis ou investis par les autres surtout dans l'enfance.

On m'avait un jour rapporté que le Dr.Peter Steibolt, un spécialiste de la re-motivation à l'institut Allan Memorial du temps de Marie Revai, disait qu'il ne fallait pas ignorer ou trouver normal un comportement qui ne l'est pas même si on sait que la maladie peut en être la cause afin de contribuer à aider la personne à demeurer en lien avec la réalité. S'il voyait une personne en pyjama assise ou couchée sur le sol dans le corridor, il s'arrêtait pour demander à la personne pourquoi elle était là. Nous considérons qu'il faut parfois inviter les personnes à un comportement approprié en prenant du temps pour les comprendre.

En fait nous créons un lieu qui est une famille substitut et une occasion de reparentage régénérateur. Cela vient compenser pour des énormes carences qui rendent les alea du quotidien difficile, car la personne n'a pas beaucoup de moyens pour composer avec d'autres agressions. Elle utilise alors des systèmes de défenses au-lieu d'être en contact avec l'être qu'elle est vraiment. Ces défenses ne peuvent être abandonnées du jour au lendemain elles ont permis de survivre et chacun a besoin d'en avoir.

L'art comme thérapie ou l'art dans la thérapie

Depuis l'implantation de la profession de l'art-thérapie notamment chez nos voisins américains, deux écoles de pensée se sont affrontées :celle qui est née d'éducateurs en art désireux de voir l'art utilisé comme outil thérapeutique. Viktor Lowenfeld, Florence Cane, Edith Kramer, représentent la première école de l'art comme thérapie. Ils voient l'art comme outils de développement un aspect thérapeutique. Ces éducateurs ne voulaient pas être des psychologues et croyaient au potentiel thérapeutique d'une démarche artistique. La démarche artistique pour l'éducateur se veut un moyen de stimuler le potentiel créatif de la personne par l'apprentissage de diverses techniques artistiques, l'expression sur des thèmes qui mettent en rapport avec le milieu, l'histoire, mais aussi l'exploration spontanée des matières sous la guidance d'artistes ayant une démarche et pouvant orienter le sujet en apprentissage. William Adamson, le thérapeute britannique préconisait une approche plutôt libre « enabling space » (espace facilitateur)

Il accueillait dans l'atelier où il peignait, des personnes auxquelles il offrait un lieu qui permettait l'expression sans recherche de résultats mais uniquement comme lieu d'extériorisation et de socialisation par l'art. Margaret Naumberg qui avait une formation en psychologie revendiquait une utilisation de l'art comme moyen d'obtenir du matériel au service d'une démarche de psychothérapie. Pour elle le processus de rétablissement nécessitait des prises de conscience sur les difficultés que vit la personne en clarifiant les conflits dans leurs aspects inconscients. L'art est un chemin pour atteindre les couches inconscientes et mettre à jour les traumatismes, les carences dont souffre la personne et la soutenir .

Chapitre 3

Le conte thérapeutique et le rituel de guérison

J'ai trouvé le conte une approche privilégiée pour orienter un parcours symbolique à travers une histoire existante dans laquelle chaque participant peut s'identifier par association ou ressemblance. J'ai toujours été intéressé au choix du conte (film, roman, mythe) que chaque participant pouvait choisir et comment celui-ci permettait de vivre par projection les situations évoquées. Ces situations sont de nature diverses comportant des difficultés, de l'aide provenant d'autres personnages, des initiatives , des risques , des transformations et des réussites qui stimulent le participant. Je l'ai souvent utilisé. Dans la démarche du rituel de guérison il y a une part de conte.

Rituel de guérison

Nous explorons le rituel de guérison que j'ai développé à partir d'un théâtre rituel de guérison de Gabrielle Hourantia qui ne fait pas usage de l'art-thérapie, mais dont le contenu m'est apparu intéressant à adapter à cette pratique.

Nous avons des raisons de vouloir entreprendre des démarches de toutes sortes. Ces raisons sont importantes à identifier afin de nous motiver à poursuivre le processus. Si nous le perdons de vue, nous perdons la motivation. Je vous propose donc de dessiner ou de trouver des images dans des revues que vous avez sous la main afin de créer un agencement qui parle des raisons d'entreprendre une démarche. Par exemple, on peut se poser la question suivante : « Quel changement est-ce que je souhaite? » « Qu'est-ce que je souhaite atteindre comme résultat en entreprenant cette démarche? » Le changement est un symptôme que nous vivons : un malaise physique, un état émotionnel pénible, une sensation douloureuse, une difficulté à se motiver. Ce symptôme peut être peut un irritant plus ou moins important.

Première étape : le réchauffement du corps

L'expression du désir de changer quelque chose dans sa vie (soigner. guérir)
Il s'agit du réchauffement, de la personne à entrer dans le processus, préparer le rituel. K.dessine un météorite qui s'abat sur le toit d'une maison.

Cette métaphore était suggérée par sa thérapeute afin de symboliser l'omniprésence du passé qu'elle ne peut (ou ne veut pas) voir.
Dans la démarche d'art-thérapie nous cherchons à retracer la personne au moment de la blessure qui a donné lieu à la souffrance. Elle précise que le météorite symbolise les tensions familiale non discutées ouvertement. Elle vit le dilemme : mettre le pîc dans le météorite qui représente le passé ou l'ignorer ou tenter de le cacher. Elle n'en est pas à sa première dépression qu'elle attribue au fait de ne pas faire face à son passé.

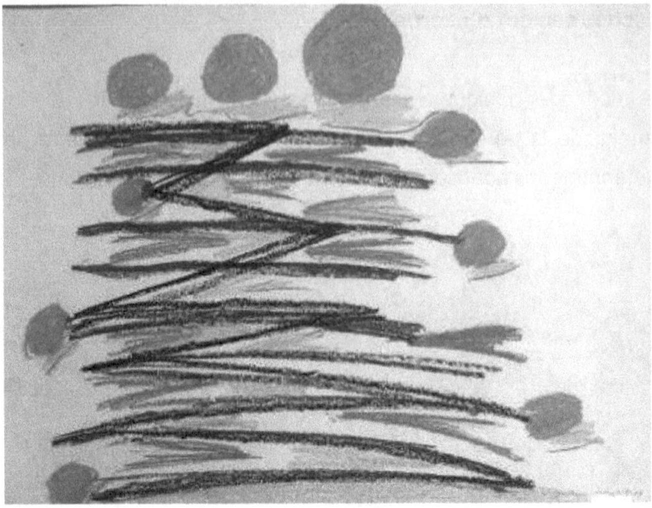

L. fait des lignes , sorte d'oscillation électrocardiogramme). Elle exprime ses doutes, son ambivalence, son indécision qui causent des maux physiques. Les points roses n'ont pas de signification précise . Elle se dit très blessée.

F exécute un collage. Fragments (yeux,sourire,mains) Parle de la peur de l'abandon. Parcours jalons d'accompagnement divers vers le centre d 'elle-même. Importance des autres, de leur regard, leur approbation.dans le centre il y a beaucoup de présences.

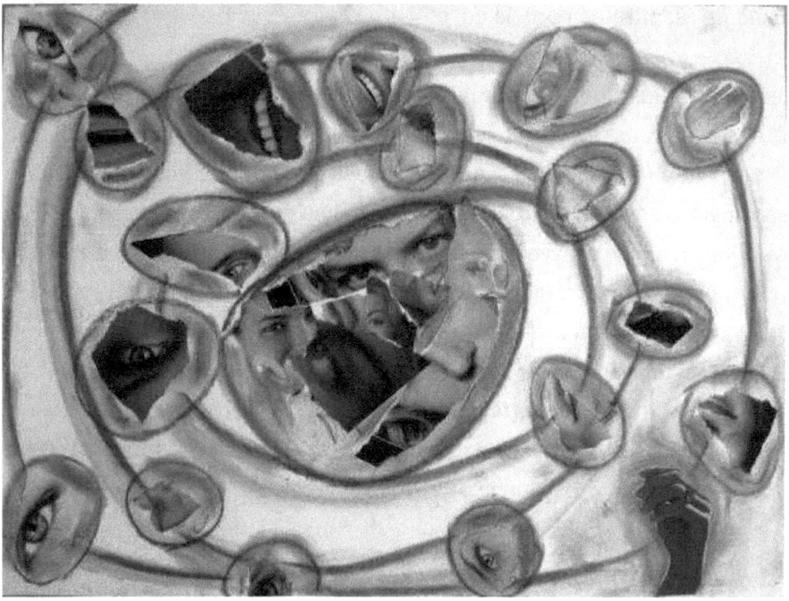

La personne a utilisé des images découpées dans une revue. Quelle image vous parle le plus? Quelle approche (dessin, collage, vous inspire le plus?)
Comment aimeriez-vous exprimer l'expression de votre désir de changement? Vous êtes en train de découvrir le langage de l'art dont nous faisons usage en art-thérapie. Quelle image utiliseriez-vous pour exprimer ce que vous voulez soigner durant votre démarche.

L'art-thérapie s'accompagne d'un moment d'écriture qui vous permet de passer du mode inconscient au mode conscient. L'image a besoin que vous réfléchissiez au sens que vous lui donnez. Vous pouvez être surpris par ce qu'elle vous fait découvrir sur vos besoins ou vos désirs.

Deuxième étape : L'attitude dans le corps

Si vous avez de l'argile vous pouvez l'utiliser pour cette deuxième étape. Quel sentiment éprouvez-vous au moment de reprendre votre démarche. Essayez de vivre ce sentiment dans votre corps au lieu de seulement dans votre tête. Quelle posture traduit votre sentiment? Quelle attitude exprime ce que vous ressentez? Si vous n'avez pas d'argile essayez de dessiner de la façon la plus simple, cette posture . Si vous préférez chercher une image dans une revue qui conviendrait à représenter votre sentiment présent, par une posture du corps, cherchez-là.
Je vous conseille de vous placer dans la posture à laquelle vous songer en ce moment afin de voir ce qu'elle vous fait ressentir. Laissez le corps parler.
Les images qui suivent ont été exécutées avec de l'argile mais elles peuvent l'être par le dessin ou le collage d'une image dans votre scrap book.

D. crée une figurine agenouillée qui semble se faire hara kiri. Elle exprime le désir de mettre fin à une souffrance qui vient du passé et cherche à éloigner le passé de son présent. Modeler le personnage ou le dessiner permet d'entrer en contact avec le sentiment. Comme vous faites cette exploration sans accompagnément, je vous suggère fortement de prendre un temps pour
demeurer dans la silence après avoir fait la figurine ou le dessin. Prenez le temps (20 à 30 minutes) si vous le pouvez , si c'est trop faites le aussi longtemps que vous pouvez. Simplement laissez le sentiment se décanter. Le

fait que vous en avez pris conscience vous permet de savoir ce que vous soignez, C'est une sensation que vous observez, que vous laissez se décanter. Prenez des grandes respirations pour vous détendre. Vous soignez ainsi ce sentiment qui peut être très différent de celui que cette figurine exprime.

Vous êtes en train d'apprendre à symboliser le sentiment par une posture, une image ou un modelage de cette posture.

Cette symbolisation se poursuit dans l'accompagnement de vous-mêmes dans un retour au calme intérieur. Je vous accompagne par mes paroles et je vous assure que l'exercice peut vous aider à retrouver un état de mieux-être. Ne faites pas d'autres exercices pour le moment, laissez-vous un temps de repos. Allez marcher ou observez la nature puis trouvez une activité qui vous change les idées.

K.traduit un plaisir d'être. La forme dont la partie inférieure est absente semble émerger du sol rappelant une baigneuse, une naïade. Elle porte les mains à sa tête (elle voyait un moyen de faire tenir les bras) comme pour s'asperger d'eau purificatrice, du bien-être. Le geste que la personne a choisi pendant l'exercice de recherche de posture pour le personnage était de ramasser l'énergie du sol et de l'amener vers le haut et de maintenir les bras fermés au-dessus de la tête pour conserver l'énergie autour d'elle. Elle dit avoir aligné son personnage vers la porte du local dans l'esprit du Feng-Shui qui cherche l'énergie positive liée à l'ouverture ou l'auto-protection. Elle parle de son cheminement dans l'acceptation de son corps. Elle se surprend à aimer les courbes de son personnage.

Quelle posture ou attitude avez-vous choisie? Que découvrez-vous sur votre état émotionnel , vos sentiments dans cette posture ou attitude? Si vous êtes bouleversé par ce que vous découvrez, vous pouvez partager cela avec une personne en qui vous avez confiance. Il s'agit de ne pas demeurer seul avec ce qui vous habite. Une personne avec laquelle vous pouvez partager vos expériences est utile pour votre démarche. Vous ne voulez-pas de conseil vous voulez seulement partager ce que vous vivez. Peut-être prenez-vous conscience de quelque chose d'important au sujet de votre situation de vie. Qu'est-ce qui monte en vous qui vous plonge dans une émotion? Peut-être savez-vous ce qui vous affecte ou vous en prenez-conscience. Vous pouvez avoir besoin de vous confier à un professionnel.

Troisième atelier: Expression de l'émotion

Aujourd'hui nous abordons l'émotion comme une troisième étape. Le rituel nécessite l'investissement émotionnel, donc le contact avec l'énergie émotionnelle. Nous faisons appel au conte afin de mobiliser l'accès à la charge émotionnelle par le biais de la métaphore. Chaque participant choisit un conte, une fable, une légende, un mythe rencontré par le cinéma, le théâtre ou la lecture. Et en propose une scène qui présente un moment dans lequel le personnage principal; vit une difficulté, un sentiment particulièrement fort. Je fais appel à votre mémoire pour trouver le conte et le moment où le personnage vit ce moment. Je vous donne quelques exemples d'images exécutées dans cet esprit.

B peint la vague qui se brise sur le mur. Elle relate le film La femme du lieutenant anglais. L'émotion est la paix et le calme. Elle ne parle pas de la difficulté qui est peut-être inconsciente. Il y a une attente dans le film.

M. peint la crèche, avec la mère vierge à laquelle elle s'identifie avec Joseph est le père de son fils. Il prend beaucoup de place dans l'image. Il y a les moutons, c'est peut-être le groupe. L'émotion est l'acceptation et la paix. La nativité comporte à la fois le mystère de la naissance. Elle dit que Joseph prend beaucoup de place est-ce une piste dans sa perception de la place qu'on laisse à la femme?

L'émotion est l'aspect à explorer

Est-ce qu'il est question de la maîtrise de soi à travers la situation que le personnage vit? Avez-vous trouvé votre conte ou votre film ou roman? Quel est le moment qui vous parle et dont vous sentez l'émotion. Demeurez en contact avec le sentiment qui est présent pour le personnage principal pour vous et faites en la représentation.

Êtes-vous surpris de votre choix? Saviez-vous que ce conte , ce roman ou ce film vous avait impressionné autant? Quel lien trouvez-vous dans ce moment choisi du film et quelque chose que vous vivez d'analogue? Écrivez dans votre journal ce que vous découvrez à travers cette expérience de l'histoire choisie qui vous renvoie votre expérience. Vous n'avez pas à trouver de solution dans l'immédiat, seulement prendre conscience de ce qui s'est passé. Y-a-t-il quelque chose dans votre vie que vous avez du mal à accepter, à intégrer qui demande de vous arrêter et de vous positionner. Avez-vous besoin de faire la part des choses, réévaluer vos choix et abandonner certains rêves ou souvenirs.

L'image est un appel à votre décision, elle vous révèle quelque chose qui se passe en vous en profondeur et qui vous permet de réaliser que vous sentez un malaise parce que vous devez prendre conscience d'un changement en train de s'opérer en vous ou que vous devez accueillir.

La pause de silence, de méditation est souhaitable pour aligner les niveaux de votre conscience, le niveau qui est actif à votre insu et le niveau plus conscient qui est dérangé par le niveau moins conscient. Il s'agit de permettre à votre intérieur de vivre des changements qui ont des répercussions sur votre niveau conscient. Qu'est-ce que cela vous dit? Vous vous êtes engagé dans une démarche parce que vous sentiez le besoin de vous rencontrer et mieux comprendre des phénomènes qui se passent dans votre vie. Donnez-vous du temps. Vous ne pouvez-pas faire de l'art-thérapie tous les jours, il faut du temps pour digérer ce que vous découvrez et aussi des moments de communications, d'accompagnements avec des personnes qui ont une ouverture et sont capable d'accueillir vos questionnements sans vouloir les brimer.

Je parle du magicien d'Oz. Dorothée chante "Somewhere over the rainbow ».message de joie Happiness, peace, love,les oiseaux bleus du bonheur. Dorothée a affronté la tornade et dans son sommeil; elle a enfin vu un autre monde. Les images que je vous propose ont été réalisées par des personnes qui tentaient d'entrer en contact avec leur vie intérieure, leurs émotions à travers la métaphore d'un conte. Cette personne semble exprimer un état plutôt positif, un désir de bonheur. Le chiffre 5 (nombre d'oiseaux) signifie-t-il quelque chose, une date, une fratrie de cinq? Les oiseaux sont dans le coin de l'avenir alors que Dorothée est dans le coin gauche inférieur qui aurait trait aux souvenirs enfouis. Elle semble coincée dans cet espace. Elle ne semble pas voir l'arc-en-ciel qui est comme une route entre l'inconscient (en bas) et les fantaisie conscientes. Elle dit justement que Dorothée a fait un rêve. Que voulait lui dire le rêve?

Interrogez l'image que vous avez créée afin qu'elle vous révèle vos désirs K.utilise le thème de Ladyhawk qui est sous l'emprise d'un mauvais sort de la part d'un prince jaloux de l'amour qu'elle a pour un autre que lui. Elle se change en aigle le jour et en femme la nuit mais son amant se change en loup la nuit. Il n'y a qu'au lever du soleil qu'ils se rencontrent tous les deux en humain en même temps. Le seul moment où ils peuvent se rencontrer

<u>L'émotion est la liberté</u> représentée par l'oiseau qui vole au-dessus de tout. Elle parle de l'importance du regard. La nature et l'humain forment un tout un équilibre. Elle parle de l'importance d'un équilibre...du contact avec la nature.

Cette histoire est certainement significative pour la personne qui l'a choisie. Le rapport de domination vécu dans certaines relations peut être la cause de beaucoup de souffrance et peut chercher à satisfaire un besoin par le rêve. L'art est un moyen de transcender nos insatisfactions ou de chercher en en prenant conscience des issues.

Quatrième étape : La pensée

La douleur du personnage dans le conte sert à mobiliser la pensée. Cette pensée peut contrôler le corps. La pensée peut faire cesser la douleur. Qu'est-ce que le personnage peut faire? Nous réfléchissons afin de trouver une idée assez puissante pour changer les choses. Qu'est-ce que cette idée exige du personnage. La pensée et la parole thérapeutique peuvent soulager , apaiser, résoudre, orienter. La parole peut réconcilier, défouler, sortir la haine, le ressentiment. Le besoin de nommer le mal afin de mieux le combattre. Nous cherchons une image parlante qui nous inspire une pensée-force dans notre besoin de guérison d'un manque. Ici c'est l'évocation d'un personnage biblique qui a servi.

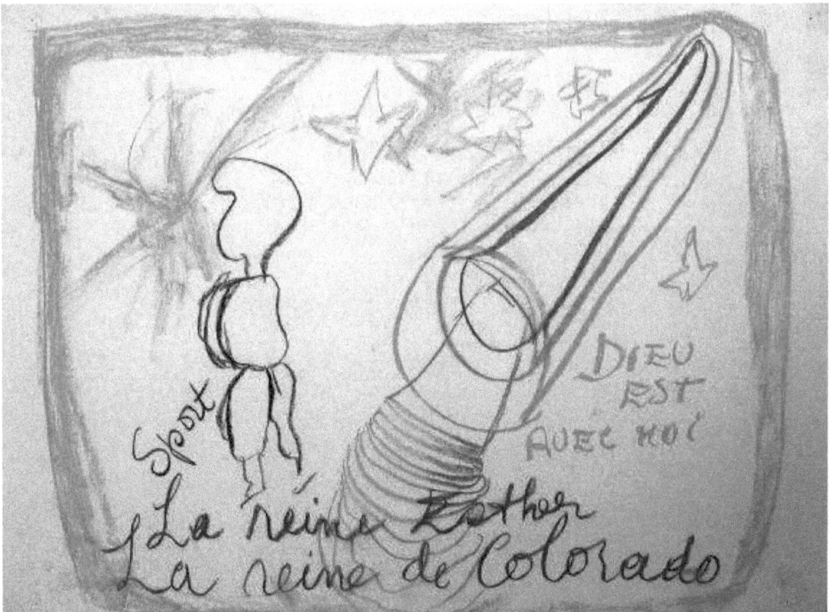

La phrase parle d'espérance et de persévérance et de confiance pour atteindre un but.

La personne parle du personnage biblique, de la de la reine Esther. Elle parle de la reine du Colorado qui était ignorante et s'est instruite afin d'être acceptée.

Elle s'est méritée la reconnaissance

À gauche le personnage fait du sport cela fait partie de ses désirs. La corne d'abondance avec l'argent dedans. La phrase (pensée force) est **Dieu est avec moi jour et nuit.**

Quelle pensée est mobilisée par le conte que vous avez choisi ,pour faire cesser une douleur? Il s'agit de choisir une idée assez puissante pour changer les choses dans la situation du personnage que vous avez choisi. On parle d'une pensée-force. Qu'est-ce que cette idée exige du personnage. La pensée et la parole peuvent soulager le personnage. Le rituel se fait sur divers niveau dont celui de la pensée qui vient stimuler le personnage en difficulté. C'est une sorte de leitmotiv que le personnage peut se répéter pour vaincre sa situation . Écrivez sur votre image choisie et jouez le jeu des étapes et séquences du rituel.

Cinquième étape : La volonté

La volonté est surprise par le changement qui est en train de se produire par l'effet de la pensée et elle résiste. Les premières manifestations du changement ont pu avoir lieu au cours de la semaine. Quelles manifestations du processus de guérison ai-je pu observer cette semaine? Chercher le mal qui emprisonne le personne et l'empêche d'avancer. Le mal qui m'emprisonne Je dois affronter la volonté organique, celle qui fait partie de ma vie cellulaire, dont je n'ai pas conscience mais qui agit. J'ai beau avoir une pensée-force elle a besoin de la volonté pour renforcer l'idée-force (la pensée choisie)et atteindre la conscience. C'est la pensée qui donne une direction à la volonté qui est une force pure qui peut être au service de n'importe quoi.

Cette personne a été affectée pendant la semaine jusqu'au mercredi. Elle s'est sentie faible d'avoir partagé ne pas être parfaite. Elle dit avoir souffert d'une migraine avec nausées. (boulimie /biscuits après la séance). Son psychologue lui suggère de se dévoiler au groupe pour valider son malaise. Phrase :Seul mon regard importe. L'œil du faucon (le sien), lui rappelle ses difficultés avec le regard du masculin . Les bouches les opinions des autres font partie des obstacles qu'elle veut éliminer.. La maison représente le lieu familial où elle vit une dynamique particulière. Elle aurait voulu que son œil (au centre) ressorte davantage alors qu'elle trouve qu'il se confond trop avec l'environnement.

Où en êtes-vous avec votre démarche? Les images que je vous propose vous inspirent-elle? Les propos de l'auteur de cette image vous aident-elles dans votre écriture? Ces idées ont-elles une résonnance pour vous, vous rappellent-elles d'autres démarches ou réflexions passées? Faites-vous des prises de conscience suite à cet exercice. Nous voyons que la personne dont nous pouvons apprécier l'exploration vit des choses dans son corps mais aussi dans sa vie relationnelle. Elle constate que son image lui renvoie des aspects d'elle-même qui ne la satisfont pas, l'œil pas assez fort. L'art nous permet de travailler à un niveau symbolique et nous constatons que nous pouvons modifier ce qui ne nous satisfait pas. L'image n'oblige pas, elle nous révèle et nous pouvons décider d'essayer de la modifier ou d'en faire une autre qui nous aide à réaliser notre intention symboliquement. Il est important d'être attentif à ce que l'image nous fait ressentir.

Sixième atelier : La conscience

Dans cet atelier nous présentons l'idée que dans le rituel nous vivions une transformation de la conscience. Afin d'explorer cet aspect nous avons recours de nouveau au conte dans lequel cette transformation est manifestée par un changement de vision du personnage central qui voit sa situation difficile se transformer avec l'intervention d'une force interne ou externe. De la désillusion, de la déception, du manque, le personnage passe à l'espoir, au désir de libération ou d'aboutissement. C'est un tournant avec une aide naturelle ou surnaturelle. On parle du cinquième élément l'Éther qui correspond au domaine du niveau spirituel. Il y a un nettoyage psychique, un éveil spirituel au centre de soi, on laisse le moi derrière pour avancer vers le soi. C'est un voyage intérieur qui s'apparente au voyage symbolique du personnage qui franchit des obstacle initiatiques.

Pour cette étape j'ai utilisé le papier de soie, mais on peut peindre, dessiner, faire un collage. L'idée c'est de trouver le moyen d'exprimer la transformation que le personnage vit. Je vous suggère de rester collé au personnage du conte et de ne pas penser que ce personnage c'est vous. Laisser le personnage vous inspirer tout d'abord et voyez ensuite comment il vous parle de vous mais pas l'inverse. Il est important de demeurer dans la métaphore

La participante G. s'inspire d'Ann Rice, une auteure qui a écrit sur les vampires et qui les présente comme des créatures sensuelles contrairement à d'autres qui ont écrit sur ce sujet. Elle exprime dans son image tridimensionnelle ou le papier de soi est un matériau proposé, le processus d'immortalisation qui commence par un vidage complet (purification) de toute matière fécale permettant d'accéder à l'immortalité.

Victime d'un virus la participante parle du besoin de se libérer d'une charge de poison d'une intoxication en elle. Elle dit sentir une transformation. Elle a souffert tout l'été n'osant avoir recours à des soins dentaires qu'elle ne pouvait se permettre financièrement. Elle a trouvé un dentiste qui lui ferait le traitement nécessaire sans frais. Elle a découvert en le questionnant qu'il en assumait le coût. Un philanthrope qui a déjà fait son argent. Cela lui redonne confiance en la nature humaine.

M. choisit le conte du vilain petit canard pour exprimer la transformation qui provient de prendre conscience qu'il est en réalité un cygne que les canards ne pouvaient reconnaître comme un des leurs. Il devait donc trouver ses semblables seuls capables de le reconnaître dans sa valeur.

Ces deux images expriment bien comment la transformation se fait dans la conscience. Qu'est-ce qu'il a fallu que le cygne se dise face au rejet, quel rôle a joué la volonté pour réussir à défaire la douleur sentie dans les tripes. Combien de temps a-t-il fallu pour qu'il rencontre les siens? Est-ce que le changement opéré dans la pensée a joué un rôle dans cette rencontre. Qu'est-ce que ces histoires et ces aboutissement vous rappelle de vos propres expériences de solutions à des problèmes anciens. Je ne vois pas vos images mais je suis certain que vous faites des découvertes à partager avec des amis.

Septième atelier :Le Soi est le nouveau compagnon intérieur

Dans les contes il y a toujours l'arrivée d'un personnage magique, la bonne fée de Cendrillon, le drôle de chat d'Alice. Ce sont des aspects de nous qui viennent à la rescousse dans le découragement si nous les appelons. Les appeler veut parfois dire cesser d'avoir peur et s'abandonner à nos ressources insoupçonnées. Dans mes ateliers j'aime emmener l'élément magique qui peut être le spirituel, le transcendant. Dans un monde matérialiste nous n'aimons pas trop parler de cette dimension pourtant nous devons nos réussite à notre ouverture à l'impossible rendu possible. Nous faisons constamment des découvertes qui témoignent de ressources insoupçonnables en nous. Nous utilisons le papier journal et papier de soi comme matériau.

Le Soi incarne les qualités, les caractéristiques que la conscience recherche et réduit l'influence trop grande du moi qui ne possède pas la vision plus large (intuitive) du Soi et enferme dans les attitudes apprises qui emprisonnent la personne dans ses habitudes et ses comportements. Dans cet atelier ,nous voulons donner une forme symbolique au Soi, cette identité que nous installons en soi. Nous lui donnons un nom afin de se l'approprier. Nous utilisons les lettres de notre prénom à l'envers ou selon un anagramme que nous choisissons comme nom pour cet aspect de soi-même.

Ces personnifications du Soi vous permettent d'avoir un regard symbolique sur vous-même et de voir cet aspect magique qui vous habite et veille à la réalisation de votre destin.

M. crée Eneleh le Cygne qui découvre son identité, son potentiel, son appartenance. Il possède le CALME

K. crée Chant-hâle qui représente un contact avec la terre qui parle en elle. Elle cherchait un symbole autre que les yeux. Une bouche signifiant la PAROLE INTÉRIEURE. L'importance de la nature dans sa vie. Ce sont les autres qui ont parlé du regard au lieu d'elle. Elle aime marcher en forêt où elle regarde par terre et fait des trouvailles.

Huitième atelier : L'âme-forme et son expression

Dans cet atelier le contact après avoir créé le Soi comme compagnon intérieur, le daïmon ou l'ange intérieur de James Hillman nous nous faisons une représentation de l'akène, de l'essence. C'est l'essence qui est porteuse du destin. Ouvrons notre conscience à nos vieux rêves, aux envies de recommencements , de percées, de changement de son environnement, de changer des choses en soi et dans nos relations avec les autres. L'image peut être abstraite, émotionnelle, intuitive. Nous sommes dans un territoire spirituel .

K.vient d'un milieu de mélomanes, il y a de la musique dans son image. C'était aussi un milieu dysfonctionnel À cause de maladie mentale. Au bas il y a la zone des conflits, des souffrances, le passé. Cette zone rappelle le météorite de la première rencontre. La zone de lumière remplace le météorite sombre. K est demeurée proche de son image en travaillant, cela l'a amenée à un développement du motif du centre. Elle croyait avoir terminé mais a vu qu'elle pouvait aller plus loin, cela lui rappelait ses cours au centre Saidye Bronfman. Le cercle au centre évoque le son venant de la bouche. Elle sent qu'on l'a empêchée de parler. Elle est acceptée au programme Transition du CAP, à temps plein

D.L'objectif d'une caméra, le focus est dans l'espace du passé lointain. Elle parle de l'image comme de son chemin. Elle parle de la glande thyroïde, de la dépression saisonnière (,manque de lumière). Elle exprime le besoin d'être encadrée se sent souvent perdue faute de cadre pour la baliser.

Elle parle de mettre en place ses limites face aux attentes des autres (confronte son fils et ses petits enfants. Elle se réapproprie sa place . Elle se gâte avec des choses nouvelles (opéras, spectacles)

Neuvième atelier : Le manifeste

L'atelier établit une rencontre entre le dessin initial du début du rituel et l'âme-forme qui traduit la vision renouvelée que l'âme projette sur soi et sur le monde. Après un échange, chacun exprime ce qu'il rejette comme croyance et ce qu'il entend cultiver ou adopter dans le processus de rétablissement en cours.

K.avait fait le météorite qui attaque la maison. Elle fait une éprouvette graduée. Sur le côté gauche, il y a débordement des émotions qui viennent du passé, à droite il y a l'ombre. Elle écrit :Mes émotions sont mes juges ultimes. »Elle comprend qu'elle doit les accueillir et ne pas s'en couper pour se séparer d'elle-même. Se dit fatiguée, touchée par les émotions vécue par une autre participante qu'elle tente de consoler.

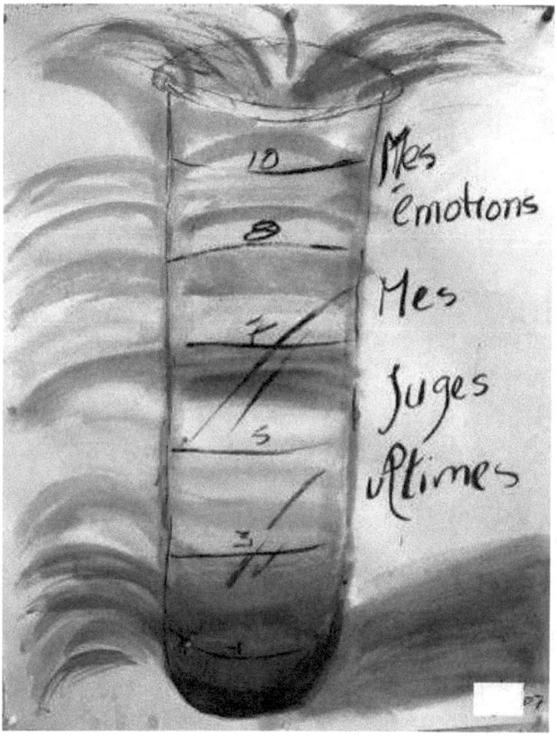

Quel est votre manifeste...votre compréhension,,,votre affirmation d'un changement?

F.parle de son dessin. Elle ne veut pas lire son texte. Elle fait un retour sur le dessin de la semaine dernière avec l'enfant qui tombe sur le sommet de l'arbre comme l'enfant qui vole au-dessus par d'autres (dont moi-même). Elle ne rejette pas cette vision et décide que c'est le regard qui transforme. Au début elle avait fait l'oscillation qui rappelait l'électrocadiogramme. Elle termine avec l'œil.

Quel était votre image de départ...comment s'est-elle transformée et comment écrivez-vous ce que vous avez compris
au cours de votre démarche, qui vous amène dans une autre image?

Le Manifeste

Être là, consciente. Ne plus sombrer dans l'oubli blanc, ce blanc qui agonise...Être vivante dans chaque instant...ne plus vivoter fragmentée, Être dedans, là, m'arrêter en bloc...aspirer à ce que je suis en action, à mon rythme, prendre le temps Accepter ne pas le savoir maintenant...continuer d'avoir la paix en moi . Laisser émerger la tendresse Laisser couler à l'instar de la vague et rebondir avec elle. Ornementation autour d'une pensée.

10ème atelier :La réappropriation du corps –la réconciliation avec soi

Les participants reprennent la sculpture exprimant les besoins qui motivent de vivre le rituel de guérison. Ils doivent la soigner, l'investir amoureusement, la recharger de l'énergie développée depuis le début afin de la préparer à rencontrer le symbole guérisseur qui a été installé à l'intérieur de soi. C'est une affirmation du changement. Si vous avez fait le corps avec l'argile c'est un moment de revisiter la première représentation

et de la peindre utilisant des pigments métallique Or argent cuivre etc. Si vous avez dessiné le corps, utilisez les couleurs métalliques pour le rehausser.

K.ne voulait pas peindre sa sculpture Elle préférait la laisser à l'état brut. Il y a une bouche afin d'avoir une voix, mais pas de yeux. Elle accentue les épaules, les siennes sont frêles pour supporter la vie. Contente de la trouvaille de la cire à chaussure pour la couleur du corps.

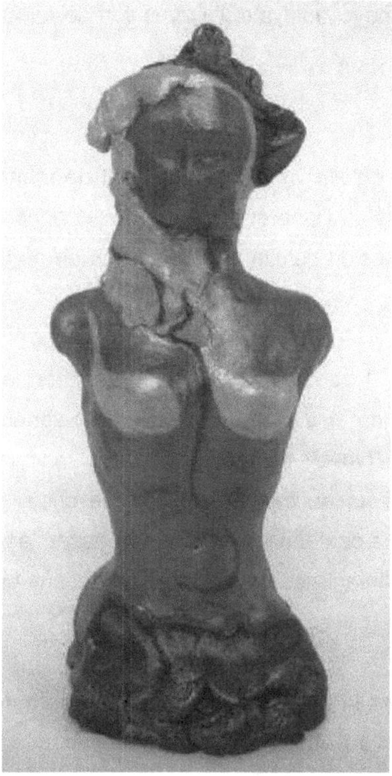

Comment allez-vous revisiter votre représentation du corps du début
pour exprimer votre réconciliation?

Un autre exemple du corps revisité utilisant les peintures métalliques, qui suggère une alchimie, c'est le moment où cette participante exprime son rapport avec le corps avec un aspect rehaussé par la couleur comme une déesse.

En réfléchissant au rituel de guérison, j'ai senti (dit-elle) que c'était la guérison du manque qui se manifestait par des symptômes, c'est-à- dire des effets du manque ou des manières de survivre au manque. Dans les images de démarches des personnes vous pouvez voir comment elles parlent de manques. J'ai compris dans mes recherches qu'il ne faut pas vouloir tasser les symptômes, vouloir les voir disparaître. Pour Christopher Bollas un psychanalyste, l'expression se fait à travers le symptôme.

Dans sa première image, K. (Fig 1) dit qu'elle vit le dilemme soit de mettre le pic dans le météorite qui représente le passé ou l'ignorer ou tenter de le cacher. Elle dit qu'elle n'en est pas à sa première dépression qu'elle attribue au fait de ne pas faire face à son passé.

Dans sa représentation du corps, K.(fig) traduit un plaisir d'être. La forme dont la partie inférieure est absente semble émerger du sol rappelant une baigneuse, une naiade. Elle porte les mains à sa tête (voyait un moyen de faire tenir les bras) comme pour s'asperger d'eau purificatrice, du bien-être. Le geste choisi pendant l'exercice de recherche de posture pour le personnage était de ramasser l'énergie du sol et de l'amener vers le haut et de maintenir les bras fermés au-dessus de la tête pour conserver l'énergie autour d'elle.

Elle dit avoir aligné son personnage vers la porte du local dans l'esprit du Feng-Shui qui cherche l'énergie positive liée à l'ouverture ou l'auto-protection. Elle parle de son cheminement dans l'acceptation de son corps. Se surprend à aimer les courbes de son personnage. On comprend que le passé recèle un manque d'acceptation de la part de son milieu qu'elle peut tenter de cacher ou d'ignorer. La dépression qui semble avoir été un symptôme est utilisée dans la représentation du corpsmais dans un geste de purification qui consiste à prendre soin d'elle-même, donc combler un manque, guérir le manque.
En regardant vos propres images je vous invite à faire cette réflexion sur le manque,
Le symptôme du manque et votre utilisation d'incarner le symptôme et de voir comment il vous emmène dans un lieu ou geste de guérison.

11ième atelier :La rencontre

Cet atelier propose la rencontre entre la représentation intérieure de l'aspect guérisseur personnifié par une sculpture qui illustre l'entité psychique porteuse de forces intérieures et la représentation du corps exprimant les souffrances, les besoins, les aspirations de la personne qui participe au rituel de guérison. Pour cette rencontre il est proposé de créer un lieu, un espace , un territoire ayant un aspect sacré dans l'imaginaire, un aspect qui met en scène de façon significative, symbolique l'importance de cette rencontre.

C'est une rencontre en eau calme dans le silence. Le cygne est vu comme celui qui soigne.. Dit avoir l'impression qu'il glisse sur l'eau. Il est présent. Veut donner l'impression que la femme émerge de l'eau...on voit son ombre.

Je crois que les mises en scènes nous aident à vivre le rituel de guérison du manque. Cette personne a pris le corps peint avec les couleurs métalliques qui rencontre le cygne. Elle exprime ce que signifie cette rencontre pour elle. Avez-vous envie d'essayer de produire une image qui s'apparente à cette étape du rituel? Elle exprime où a lieu la rencontre, ce que représente le cygne. Elle exprime comment elle voit le personnage de la femme dans la rencontre,

Voici une deuxième image, celle de K.

Ma bulle de paradis

Elle explique que le rond jaune de la base vient de son cours de yoga. Un cercle de lumière dans lequel on envoie un vœu qu'on lance dans le cosmos. L'anse jaune qui surplombe exprime la bulle. Elle utilise du papier brun (près de la nature) .Elle avait pensé le mouiller et elle a accidentellement renversé de l'eau. Cela lui rappelle un mandala. Elle entoure sa sculpture de papier bleu d'éponges, de roches. J. lui

parle du nombril en lien avec la montagne du fond . Sa sculpture émerge de l'eau comme cela était ressorti lors de sa création initiale. Remarque qu'elle se sent facilement visée par des commentaires venant des autres durant l'atelier. La rencontre se fait avec la fleur rouge. Une bouche signifiant une parole intérieure.

12ième atelier :L initiation au masque

L'intégration de l'ombre fait partie du processus de guérison. Il s'agit de réintégrer des facettes de l'âme en accueillant les aspects négatifs refoulés pour satisfaire les attentes sociales. L'ombre détient la clé de la mission personnelle, elle est plus près du centre de soi que la persona ou moi idéal (le masque social), plus proche du SOI. Pour symboliser cette intégration les participants, symbolisent un objet ou animal qu'ils aimeraient être (Jung en parle comme du numéro 1) et un objet et animal qu'ils ne voudraient pas être.(Jung en parle comme du numéro 2)

Ils les réunissent en demandant au SOI intérieur une émergence du symbole qui réunit les deux opposés et en créent un masque.qui libère une force intérieure en acceptant de le porter en signe d'acceptation mais ils enlèvent un morceau en signe de volonté de ne pas être dominé par un aspect négatif mais de ne pas le nier. Ces morceaux enlevés sont brûlés pour signifier une mort à la peur des parties inconscientes de soi. Chaque participant accepte un ruban noir en signe de volonté de cette mort puis un blanc en signe de calcination ou mort de cet aspect ancien puis un rouge comme symbole de renaissance ou réinjection de la vie après la calcination.

C'est une partie du rituel qui semble peut-être étrange, mais elle est chargée de sens. En groupe cela est plus fort car tous vivent l'expérience. Pour le faire seul, il faut s'imaginer ce groupe de gens qui cheminent et acceptent les étapes du rituel.

Tout d'abord il fait créer le masque en prenant deux feuilles de papier et en peignant ou dessinant sur une des feuilles l'animal ou l'objet qu'on aimerait être puis sur la deuxième l'animal ou l'objet qu'on ne veut pas. On ferme les yeux et on prend une grande respiration et on les réunit. Ensuite on cherche comment faire une image qui les réunit. Voici deux exemples.

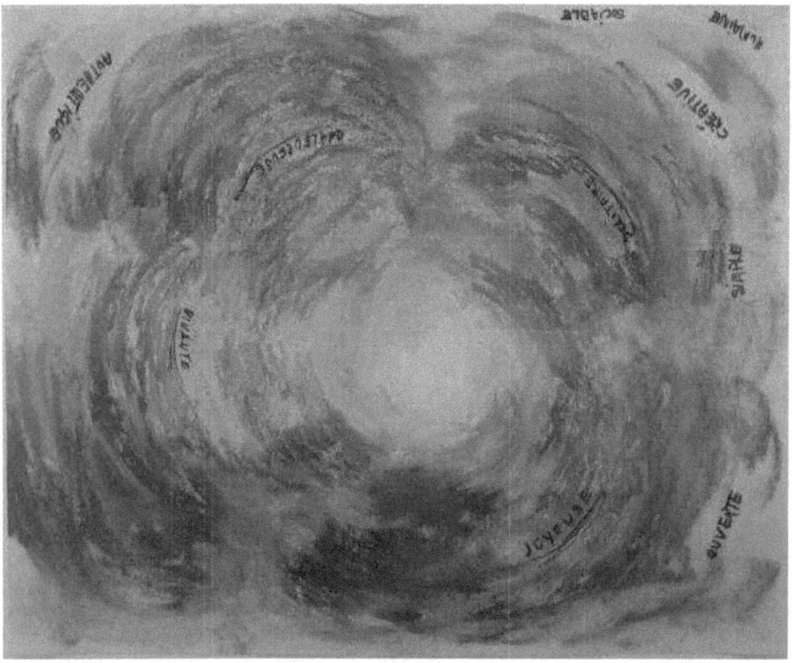

Ce qu'elle aime d'elle-même et chez les autres Ce qu'elle n'aime pas en elle-même Sociable, Créative,simple à droite un personnage replié Regrets ouverte, joyeuse, vivante tristesse manque de confiance. a voulu représenter chaque manque d'estime élément par une couleur :

Bande de formes empilées manque de discipline (laisser les choses s'empîler les unes sur les autres
Difficulté de s'engager, peur de décevoir, peur de réussir, peur de foncer.

Elle parle d'une énergie qui va vers le haut et l'autre qui va vers le bas. A repris les diverses couleurs du côté positif et négatif

Commentaires Additionnels :

Avant sa présentation, K. parle de sa motivation qui était d'identifier et d'exprimer ses émotions . Le fait de faire un retour lui rappelle que le processus va dans différentes direction et regroupe plusieurs éléments. Commence par faire des blagues et exprime comment cela retarde la démarche d'aborder. Elle remercie le groupe en disant que tous les membres ont agi comme des guides dans son . cheminement.

Le rituel se termine par la destruction d'un morceau de la partie négative et qu'on brûle qu'on déchire et qu'on met dans un petit contenant pour le brûler symboliquement comme quoi on accepte le négatif en soi mais qu'on désire avoir un contrôle dessus pour ne pas qu'il envahisse et prenne toute la place.

Comment avez-vous vécu ces expérience, notamment la dernière. Faites un retour sur vos images, sur vos prises de conscience et écrivez vos impressions. Partagez-la avec un ami si vous pouvez afin de bien asseoir les prises de conscience et comment elles changent votre regard sur votre présent.

Chapitre 4

L'art-thérapie et le thème des animaux

Démarche : La perception de soi à travers un animal que l'on choisit

L'objectif de la démarche est d'utiliser l'animal, la réflexion et les productions créatives à partir de lui comme métaphore comme source de référents pour une rencontre avec soi-même et un travail de croissance personnelle voire un processus thérapeutique dans la mesure où l'animal choisi permet de reconnaître certaines caractéristiques dans sa relation au monde et son mode de comportement. On peut le faire avec des enfants mais aussi des adultes.

La thématique de cette démarche de création est inspirée d'un processus d'écriture de Gabriele Lusser Rico où la personne s'interroge sur l'animal qu'elle choisirait d'être si la chance lui était donnée de devenir un animal. Cet exercice met en relief le potentiel humain. Il est suggéré au départ de dresser une liste de cinq animaux dont on choisit ensuite une option . Illustrer cet animal dans un contexte est une première étape.

Je vous invite à choisir un animal entre le chien, le chat, le cheval, l'oiseau et le serpent

Atelier 1

Le premier atelier portait sur une recherche de caractéristiques associées avec l'animal choisi à partir d'une liste de 5 animaux. La technique d'expression choisie était celle du *collage* pour le repérage d'images qui illustrent des aspects de l'animal choisi pouvant appartenir à toutes sortes de référents. La première étape était de faire une série d'associations en lien avec l'animal choisi et en lien avec soi-même (Moi)

L. commence par sa série d'associations avec elle-même et l'oiseau

Elle-même : Intellectuelle, sage, curieuse intéressée par les autres, par leurs besoins, des choses importantes de la vie

L'oiseau :belle- couleurs différentes, tropicaux, cœur chaud, vole, WoW, léger parce qu'on vole sur l'air

Je trouve que j'aime les oiseaux, les chansons des oiseaux parce que ça touche mon cœur et ça me rend heureuse comme lorsque j'entend la musique. Je suis similaire aux oiseaux dans la façon que j'aime leurs chansons . Tout Comme j'aime la musique et ça me rend heureuse Les oiseaux sont comme moi parce que je trouve qu'ils sont gentils à cause de toute la délicatesse de leurs voix et leur vol.

L.choisit des images qu'elle associe à l'oiseau. On peut voir la femme qui semble voler, le parapente survolant le paysage, l'avion, les nuages, le rassemblement d'oiseaux, les feuilles posées sur l'eau, la femme et le rituel de purification dans l'eau, l'église et les rites. Elle parle de sa foi en lien avec le chant de l'oiseau.
Images de L.

Voici un autre exemple de choix d'image

P.utilise les images ci-contre en lien avec le chien. Le jeune homme montant le cheval (docile). Le cheval transportant du foin (persévérant), enjôleur pour l'œil, le mot insécure, le mot gentillesse, le mot paix, le mot non-violent pour la vieille tenant le canard et la femme touchant le visage de l'homme.

P se voit :gentille persévérante, insécure, apeurée, caresseuse, négligente
Voit le chien : affectueux, docile, enjôleur, amour inconditionnel, fin, non-violent.

Atelier 2

Le deuxième atelier était dans un premier temps la production d'une illustration de l'animal choisi dans une situation qui lui correspond dans notre expérience, perception ou conception de l'animal.

Dans un deuxième temps, les diverses illustrations étant affichées, chaque participant est invité à jumeler son animal choisi à un autre animal parmi la panoplie affichée et de créer une illustration de la rencontre entre les deux animaux.

P. se dessine assise avec son chien près d'elle. Lorsqu'elle doit choisir un animal autre que le sien elle choisit le cheval de A. Elle se représente alors debout près du cheval. P. n'a pas fait se rencontrer les deux animaux mais elle se représente elle-même avec le deuxième animal (le cheval)

On voit un effet mobilisateur de ce deuxième animal qui change sa perception d'elle-même. Le cheval la fait se lever et aller vers lui. Il est intéressant de voir comment l'autre animal provoque une autre comportement.

L dessine son oiseau haut dans l'arbre et dit qu'il ne peut voler. Elle le voit dans un état d'impuissance,

Ayant choisi le chien de P. elle crée une scène dynamique où le chien coure joyeusement après l'oiseau qui vole

Elle semble trouver une motivation à se mettre en mouvement. Elle souffre de Fatigue chronique mai on sent un aspect enjoué en elle qui a besoin d'une stimulation.

Qu'avez-vous choisi comme animal au départ, comment l'avez-vous décrit. Que disent les images que vous avez trouvées? Comment sentez-vous des affinité d avec l'animal choisi. Dans quelle situation votre animal se trouve-t-il?
Quel deuxième animal avez-vous choisi? Comment les deux animaux entrent-ils en contact? Est-ce l'humain qui entre dans la situation comme P avec le cheval?

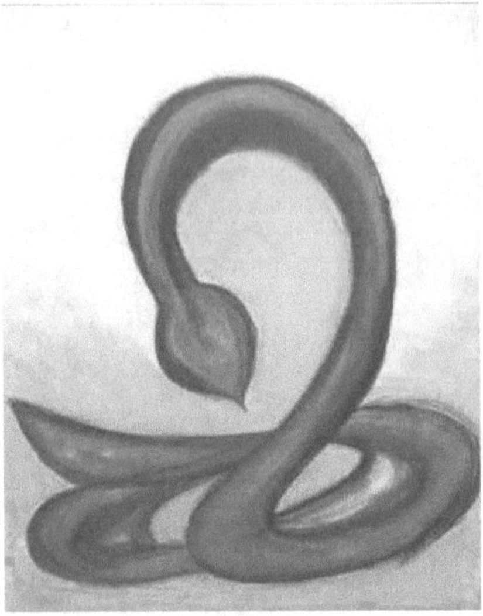

Al.exécute le dessin de son serpent de manière très expressive, elle dit qu'il s'attaque lui-même puis ayant choisi P. et son chien elle fait traverser le serpent

Qu'est-ce que vous ressentez en entendant Al dire que le serpent s'attaque lui-même? Comment voyez-vous le serpent qui passe dans la pièce derrière le chien comme une énergie.

Vous constatez ici, l'avantage du groupe où les autres apportent leur réaction et contribuent leur dynamique dans le processus qui peut servir aux autres. Je vous invite à apprécier la beauté des images.

Troisième atelier

On peut maintenant modeler dans l'argile , pour avoir une représentation tridimensionnelle de notre animal choisi et le placer dans un espace collectif où tous les animaux vont se rencontrer. Chacun peut jouer à faire des déplacements pour explorer la dimension relationnelle par l'animal qui rencontre les autres animaux dans un espace commun consistant en un carton de 26x40 sur lequel les participants dessinent des éléments de l'environnement en lien avec l'animal.

Dans ce lieu commun un échange s'ensuivait sur la perception de chaque participation dans le positionnement de son animal dans le groupe par rapport aux autres. Puis chacun pouvait replacer son animal pour voir comment cela changeait sa perception relationnelle. Nous avons ensuite proposé que chaque participant réaménage l'espace en replaçant tous les animaux selon son gré. Certains ont exprimé avoir vécu des émotions et ont nommé aussi certaines pulsions ressenties.

L'oiseau

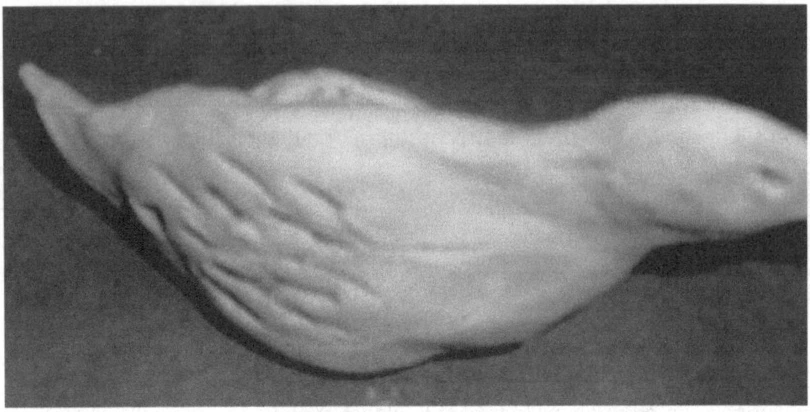

La représentation tridimensionnelle des animaux permet d'explorer les formes de manière plus sensuelle et d'investir l'objet émotionnellement, entrant dans la vie de l'animal choisi.

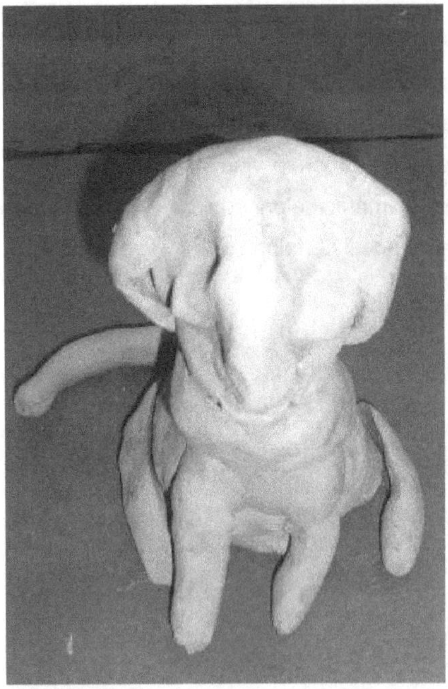

Représentation de deux autres animaux : chien et serpent

Atelier 4

Le quatrième atelier proposait une histoire collective à partir de l'animal choisi sous forme de rotation où chaque participant initiait la sienne par une première image de départ que les autres continuaient alors que les dessins étaient passés à tour de rôle à tous les autres participants. La métaphore des interactions animales permet d'investir l'animal choisi dans une dimension relationnelle où il peut inventer des manières d'interagir avec les divers animaux représentés et ce qui les caractérisent. On peut reconnaître le style de chaque participant à travers les interactions et ses choix.

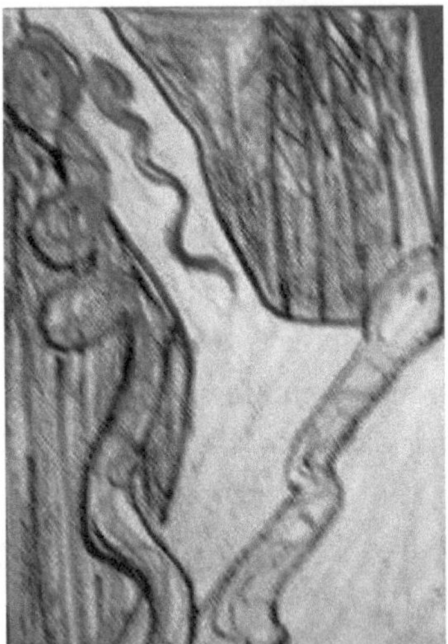

La jeune fille tend la main pour tenir l'oiseau. Elle dessine un chat qui aime un chien. Le serpent qui avait trouve de la compagnie…s'en sépare chacun va de son côté.

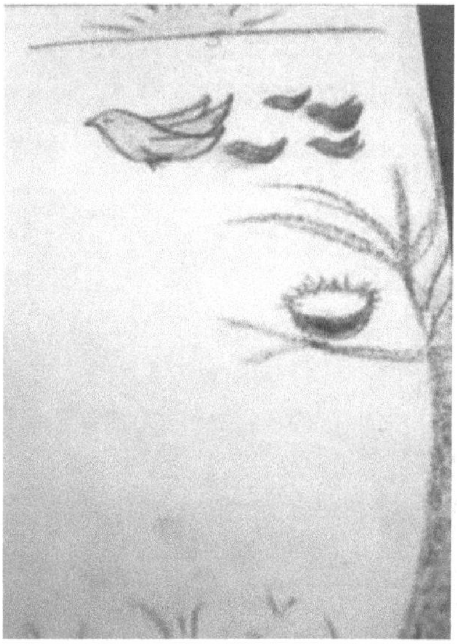

On voit un couple observant les oiseaux et envieux des ébats, Elle fait se rapprocher le cheval et le chat. L'oiseau se pose sur la main de la jeune fille. Les bébés quittent le nid

Le chat coure après les oiseaux. Il y a un autre rapprochement entre le cheval et le chien et le chat observe de même que l'oiseau.. Le serpent de Al. vit de la solitude, *Cela parle d'envie d'aimer, de rapprochement, de rencontre amicales, de quitter le nid, de poursuivre des amis ou des proies), de quitter le nid et de poursuivre des amis.* Que ressentez-vous en voyant les choix de dynamiques des participantes?

.Un ours poursuit un oiseau. Un chien reçoit la pluie. Un serpent est dans l'eau avec trois poissons et le soleil les réchauffe.

Le cheval finit par aller dormir dans l'étable. Le chat guette. Le serpent danse pour la jeune fille qui joue de la flute et l'oiseau observe

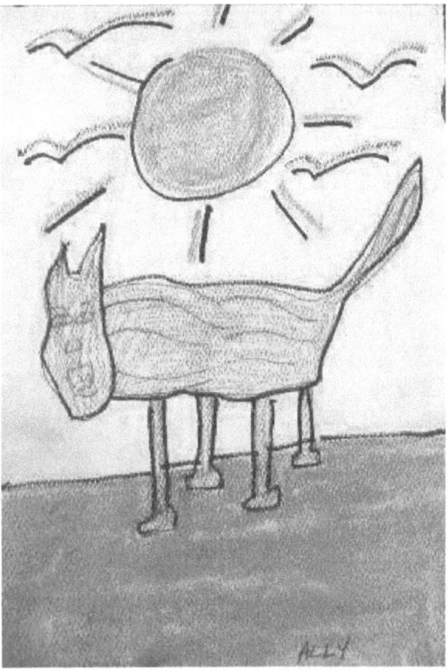

Le cheval se dore au soleil . L'oiseau se pose sur le chapeau de la jeune fille. Une fleur pousse dans un pot.

. *Cela parle de chaleur, de maison, de beauté et de fantaisie, de se nourrir.*

Cela parle de solitude, d'amour, de rupture, de chasse, de désir inspiré par les autres qui s'aiment.

La jeune fille flatte le chat. Un chat mange dans son bol, un oiseau le regarde. Le chat rencontre le chien.

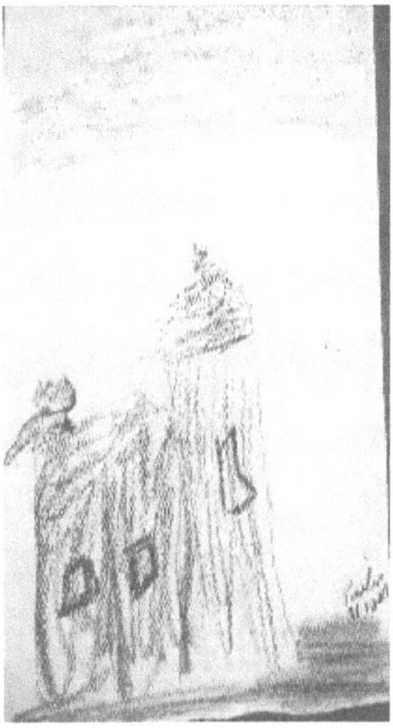

.Le chat et l'oiseau sont sur le toit des maisons et ne se rejoignent pas.
Un chat qui emporte un oiseau voit une mare d'eau ou un serpent. Un oiseau se pose sur la dame qui dessine.

Il est question d'affection, de solitude, de tristesse, de jouer, de danser ,de ne pas se rejoindre…

Un oiseau nourrit ses petits. Un chat chevauche un cheval.

Deux serpents s'enlacent devant un gourou. le chat est dans sa cage . *Il est question de se nourrir, de bataille, de fantaisie, de rapprochements, de danse, de cage aussi.*

Les premières histoires représentent la diversité des sentiments du groupe.

Puis chaque participant découpait sa série d'interventions par images dans les diverses images produites en réponse aux images des autres. On y décode l'histoire personnelle que chacun rebâtit avec ses propres fragments d'histoires qui donnent accès à un autre contenu où chaque participant peut exprimer des données plus intimes.

L'oiseau cherche-t-il un affranchissement de la cage. Les participants ont beaucoup rit des interventions comme celle d'une bête grimpant sur le dos d'une autre. Le développement des diverses histoires permet de projeter sa propre histoire indirectement sur le plan des sentiments ou d'une expérience de vis.

Les images sont donc présentées dans la deuxième version où chaque participant a récupéré ses propres images .

Atelier 5

La création d'un masque de son animal et d'un plastron évoquant une attitude corporelle permet de rentrer dans la peau de l'animal. Une exploration d'un dialogue entre les divers animaux via une fable inventée s'inspirant d'œuvres
Nous sommes La création du masque permet de se rapprocher de l'animal choisi en réalisant un masque qu'on peut porter et avec lequel on peut interagir en incarnant l'animal choisi.

La confection du masque de l'animal choisi est une autre étape d'appropriation de la personnalité de l'animal que le participant peut porter et à travers lequel il peut interagir . Les participants ont commencé à le faire de manière ludique simulant des attaques, émettant des sons, et faisant des commentaires représentant ce que vit l'animal Avec les autres animaux. Cela a permis un peu de théâtralisation sous masque.

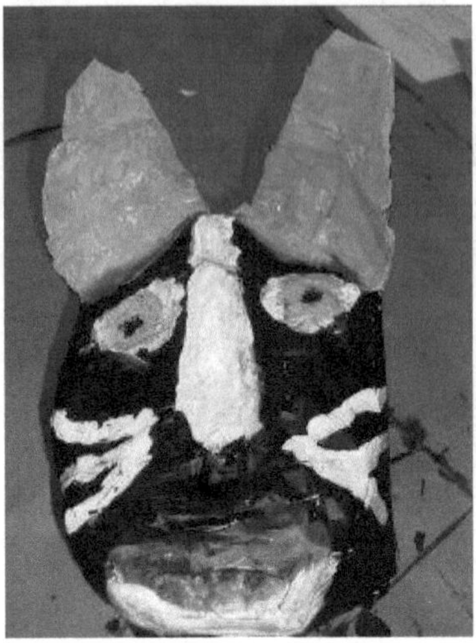

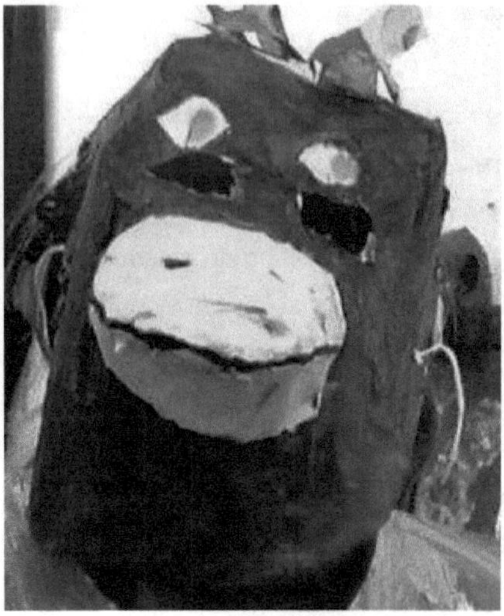

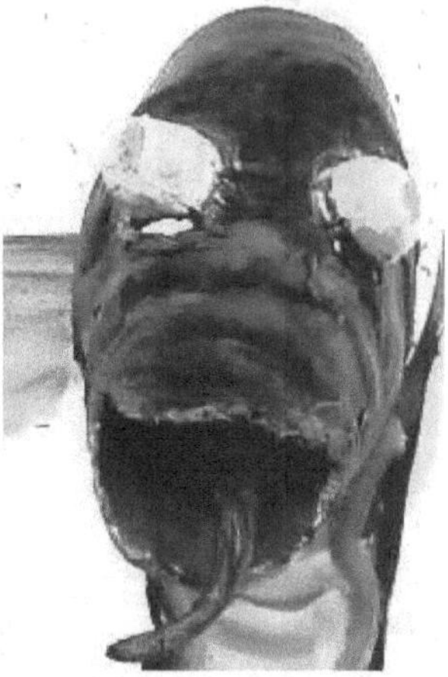

Les masques permettent des interactions ludiques simulant des attaques, émettant des sons, et faisant des commentaires représentant ce que vit l'animal Avec les autres animaux. Cela a permis un peu de théâtralisation sous masque.

Atelier 6

Nous avons créé plastrons représentant le corps de l'animal choisi qu'on pouvait porter en portant aussi le masque. Cette représentation plus globale nous fait avancer davantage dans l'incarnation de l'animal choisi.

Le cheval de A, Le chien de P Le chat de G,

Les œuvres ont servi d'outils de croissance dans un cadre à la fois ludique, soit un jeu créatif et une modalité de libérer le potentiel humain de chaque participant

La confection des plastron est une incorporation ou incarnation de l'animal au-delà du masque qui en est la tête. Ici on peut voir comment chacun s'approprie l'animal dans un aspect corporel. On n'a pas fait que l'estomac de l'animal mais on a aussi peint les pattes, la queue. Cela n'a pas été demandé mais cela a été l'expression spontanée

Le serpent par exemple sort d'une sorte de grotte.

Le chat de G
Le serpent de Zl.

Selon Jung dit Gabriele Lusser Rico, un animal représente des aspects inconscients de la psyche humaine. S'identifier à l'animal est une démarche d'intégration des aspects inconscients de soi avec le conscient apportant des traits de la personnalité ou explorer des accommodements que nous souhaitons cultiver. Dans un premier temps, il faut d'abord demeurer dans la métaphore afin de bien sentir ce qui se passe et ne pas vouloir censurer la démarche et ainsi saboter la prise de conscience qu'elle permet.

Atelier 7

Nous avons abordé l'univers des fables et les participants se sont regroupés en dyades afin d'inventer une histoire comportant les caractéristiques des animaux choisis et les mettant en scène de façon à faire ressortir la résolution d'une dynamique qui met en relief des faiblesses humaines et une morale. Par la suite les dyades ont pu raconter les diverses histoires avec un narrateur et les voix des animaux.

Les quatre textes ont été conçus par les 4 dyades.

Le serpent et l'écureuil

Le chien et le chat

Le chat et l'oiseau

L'ours et le cheval

Le serpent et l'écureuil

Serpent: Qu'est-ce que tu fais là, madame Noix de coco?

Noix de coco : Bien sûr, moi je suis très haut dans l'arbre pour pouvoir regarder le plus loin possible.

Narrateur : Dit-elle avec beaucoup d'assurance.

Serpent : Ah...!

Narrateur : Dit le serpent, car il n'était pas de bonne humeur...
Le serpent fit le tour de l'arbre en regardant par terre et ensuite se leva la tête pour voir madame Noix de coco qui voulait se chicaner avec lui.

Noix de coco :Ts ts ts ts ts ts Sydney, tu ressembles à un idiot en train de ramper sur ton ventre...

Narrateur : Noix de coco prend une poignée de noix et commence à les manger laissant tomber toutes les écailles au sol et sur la tête de Sydney.

Serpent; Sss Sss Sss Tu risque de tomber sur la tête un jour...madame Noix de coco. Sss Sss. Tu es toujours orgueilleuse! Tu reste en haut de l'arbre et tu perd un contact avec la Mère terre et les autres animaux de la forêt. Descend en bas un moment et je vais te montrer quelques secrets de la vie! Comment être un peu plus humble par exemple!!!

Narrateur : Noix de Coco a hésité un moment, elle n'était pas prête pour une telle aventure. Elle trouvait le corps de Sydney si long et glissant qu'elle avait peur.

Noix de Coco Vous ne pouvez pas m'attraper! Je suis bien dans mon arbre...si confortable. Je suis habituée à être ici!

Narrateur : Noix de coco a commencé à danser et à sauter de branches en branches. Elle était si contente et fière d'elle-même, Mais elle était quand même curieuse de voir Sydney de plus près.

Serpent : Viens...viens. Je ne te ferai pas de mal.

Narrateur : Dit-il pour la tenter. Soudainement Noix de coco a vu quelques noix par terre et voulait les manger. Elle descendit de l'arbre et tout à coup Sydney s'était enroulé autour d'elle. Elle se sentait bien trop serrée, comme si elle ne pouvait plus respirer.

Noix de coco : Lâche-moi...lâche moi Sydney! Méchant! Je croyais que tu voulais être mon ami et maintenant tu m'étrangle!

Narrateur : Tout à coup le serpent lâcha prise et Noix de coco était libre de nouveau.

Serpent : Sss Sss Maintenant tu feras moins de bruit et tu seras moins insolent lorsque tu montes dans l'arbre!

Narrateur : Et les deux animaux se quittèrent partant chacun de son côté.

Morale : C'est bien d'avoir un peu d'humilité

Le chat et l'oiseau

Narrateur : Il faut faire attention avant de changer son idée sur le danger que peut représenter le chat pour l'oiseau. Il faut garder un peu de méfiance pour détecter l'intention de l'autre.
Un chat rencontra dans la forêt un oiseau qui s'était échappé de sa cage et de sa maison.

Garfield : Bonjour mon joli oiseau! Comment vas-tu?

Oiseau : Ça va bien, merci. Je suis un peu étonné de te voir ta gentillesse. J'ai entendu des mauvaises histoires au sujet des chats mais tu me sembles être une exception à la règle est-ce que c'est vrai?

Garfield : Voyons donc...qu'est-ce que c'est que ces histoires-là; je suis un animal très gentil. Tout le monde m'adore, tout le monde veut me donner à manger. Je suis cute au bout! Je fais du mal à personne...!

Oiseau : Je vais dire à mon maître qu'il connaît pas bien les chats et que j'ai rencontré un chat très gentil aujourd'hui. Comment t'appelles-tu?

Garfield : Garfield.

Oiseau : Oh! Comme dans le dessin animé...Est-ce que ça veut dire que t'as un gros appétit?

Garfield : Oui j'aime tellement de choses...!

Oiseau : Donc ça veut dire que t'as pas le goût trop difficile, est-ce que t'as des préférences?

Garfield : Oui j'aime les poissons sortis fraîchement de la mer mais ceux du lac sont pas pire avec un peu de sel et de poivre et ça me rend très heureux.

Oiseau : Ça donne l'air d'un repas très audacieux pour moi,. Car je me satisfait simplement avec des graines de tournesols. À part les poissons est-ce que t'aimes d'autres choses?

Garfield : Le canard me rend dans un état catatonique après l'avoir mangé je m'endors pour une bonne et longue sieste spécialement parce que les canards sur le lac sont gavés car ce gens qui viennent les voir leur donnent des morceaux de pain blanc qui leur remplit la bedaine.

Oiseau : Mon Dieu comme tu aimes tellement manger Garfield! Tu mérite vraiment ton nom, ça me rend triste. J'aimerais être capable d'avoir la même diète mais je ne serais pas capable de bien voler avec un ventre si lourd.. Bouffe tout ce que tu veux mais attrape moi pas...!

Narrateur : À ce moment-la l'oiseau prend quelques gouttes d'eau dans le lac.

Garfield : Parlant de ventre lourds le mien est présentement vide. Qu'est-ce qui te prend de venir boire mon eau.

Oiseau : Mais je suis à dix pieds de toi.

Garfield :Tu as contaminé mon eau l'an passé.

Oiseau; Comment ça, je bois simplement comment j'aurais contaminé ton eau l'an passé n'étais pas née.

Garfield : Tu la contamines. Si ce n'est pas toi c'est un oiseau de ta famille.

Oiseau : Je n'ai pas de famille

Garfield : Bon....c'est quelqu'un de ta race alors.

Oiseau : Je n'aime pas ton attitude, je vais retourner à mon maître et ma cage.

Garfield : Eh t'en vas pas si vite...! T'es sorti de ta cage j'ai le droit et j'ai le goût d'un oiseau aussi beau que toi.

Narrateur. Garlfield attrape l'oiseau Blue Jay et le dévore avec appétit pendant que l'oiseau se débat et picosse mais le chat est plus fort.

Le chat et le chien

Narrateur : Le chat s'appelle Toxon et le chien Punch

Toxon :Bonjour mon beau chien. J'aime les chiens. Comment tu t'appelles?

Punch : Je m'appelle Punch et toi

Toxon : Je m'appelle Toxon

Punch : Je ne t'ai jamais vu dans le quartier.

Toxon : Oui, j'étais dans un autre quartier mais il manquait de nourriture. J'ai entendu parler qu'il y en avait beaucoup ici,

Narrateur : Le chien se met en colère et dit :

Punch : Tu viens dans mon voisinage pour venir quêter notre nourriture!

Toxon : Mais j'ai une famille à faire vivre. J'ai trois petits châtons.

Punch : Moi aussi j'ai une famille à faire vivre, j'ai six petits chiots.

Toxon : Il y a beaucoup de nourriture, je ne suis pas venu pour voler nous pouvons partager cette nourriture.

Punch :Je ne suis pas généreux de nature

Toxon : Pour une fois, sois-le et on pourrait se lier d'amitié et essayer de nous comprendre.

Narrateur :Tout à coup on voit un petit chiot et un chaton venir en s'amusant.
;:Tu vois nos enfants s'aiment déjà, ils se sont fait amis, ils ne savent pas c'est quoi la haine.

Punch :Fiston viens ici, tu sais qu'entre chien et chat on n'est pas compatibles,

Toxon :Voyons Punch quand les chats et les chiens sont élevés ensemble, petits, ils s'entendent bien.

Punch :Pourquoi tu viens dans mon quartier si dans le tien tu avais beaucoup d'amis ?

Narrateur : Punch est sur ses gardes et prêt à sauter sur Toxon.

Toxon : Ça donne rien d'être en colère puisque moi je suis venu avec de bonnes intentions. À part ça , si tu te choques contre moi , je suis plus vite et plus agile pour t'attaquer.

Punch : Ok Ok Arrêtons de nous chicaner et partageons ensemble notre nourriture puisque nos enfants s'aiment déjà.

Narrateur : Punch et Toxon l'ont échappé belle mais quand chacun met de l'eau dans son vin l'entente est possible... Punch allait chercher de gros morceaux de viande qu'il emmenait dans sa gueule et qu'il partageait avec Toxon, sa famille et la sienne.

Punch : Venez tous avec moi fêter notre amitié devant un bon feu de camp fait par les voisins.

The Horse and the Bear

Narrator: A horse went trotting into the forest. He wanted to drink from the river. Suddenly came a bear.

Horse: Hi Han made the horse throwing his front legs up,

Bear: Move from here this is my territory what are you doing here?

Horse: What are you talking about you punk? That's no way to talk to a horse

Bear: What horse, you look more like a monkey

Horse: Who are you calling a monkey you yourself look like a dinosaur

Bear: Ok Let's stop this nonsense

Horse: Yeah You're right

Bear : I'm not just like them humans you get along with and carry on your back.

Horse:

All you need to do with them is to give them a good scare and show them you're the boss, but you know you can do fun things with them, Some bears learn to ride a bicycle in the circus.

Narrator: The bear growls loudly…

Horse: He you're scaring me

Bear : (Winking at the horse.) I'm just practicing to scare humans

Horse: Hi! Han!

Bear

Ok let's have a drink in the river to celebrate our friendship

The moral:To make friends we need to understand one another

Atelier 8

Le projet de murale permet de réunir les diverses fables dans un même tableau. Les animaux ne sont plus seulement des animaux choisis mais des personnage d'une histoire inventée qui a la fonction d'enseigner quelque chose mais aussi d'offrir un lieu de réflexion sur comment les histoires proposent une réflexion sur soi. On peut aussi demander aux divers participants quelle histoire autre que la leur les touchent et offrent un outil de réflexion pour eux par leur résonance.

Le chat et l'oiseau

N. a dessiné le chat dans son environnement extérieur et non dans la maison. L'oiseau qu'elle a aimé connaître est présent de même que les arbres et le gazon mais le chat domine.

N. a dessiné le chat dans son environnement extérieur et non dans la maison. L'oiseau qu'elle a aimé connaître est présent de même que les arbres et le gazon mais le chat domine.

Le chien et le chat

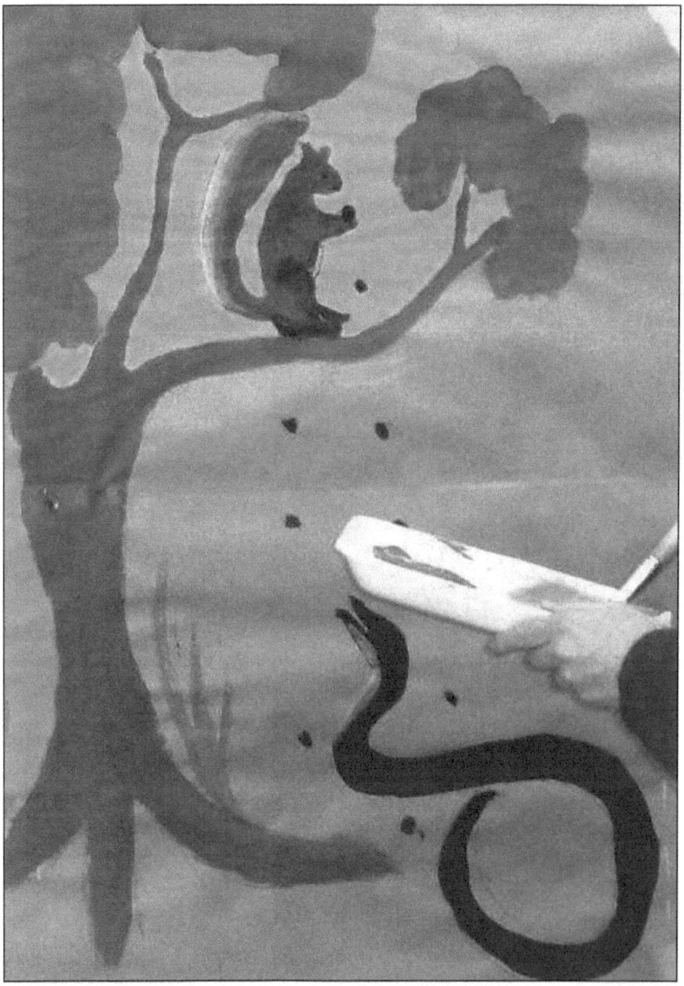

Le serpent et l'écureuil

Le cheval et l'ours

On voit ici dans la murale groupale réunissant la représentation des 4 fables créées par les participants, un gros plan des sections de la murale allouées à chaque fable.

Atelier 9

C'est le moment du bilan des ateliers. On se pose la question de ce que la démarche a provoqué de manière globale et comment elle a suscité des réflexions sur sa vie relationnelle puisque ces histoires avaient surtout un but relationnel en plus de personnel. Il est donc proposé de faire une image bilan sur ce que les ateliers ont eu comme fonction pour chaque participant, à quoi ils ont servi, à quel besoin ils ont répondu quand à la situation de vie de chacun. Cela donne lieu aussi à des échanges sur les partages respectifs.

Pour son dessin bilan. Al dessine son serpent au sol contournant les obstacles de son environnement. Elle dit s'être demandé comment le choix du serpent pouvait éclairer quelque chose de sa réalité et elle trouve finalement que cela lui ressemble ayant beaucoup d'obstacles à surmonter

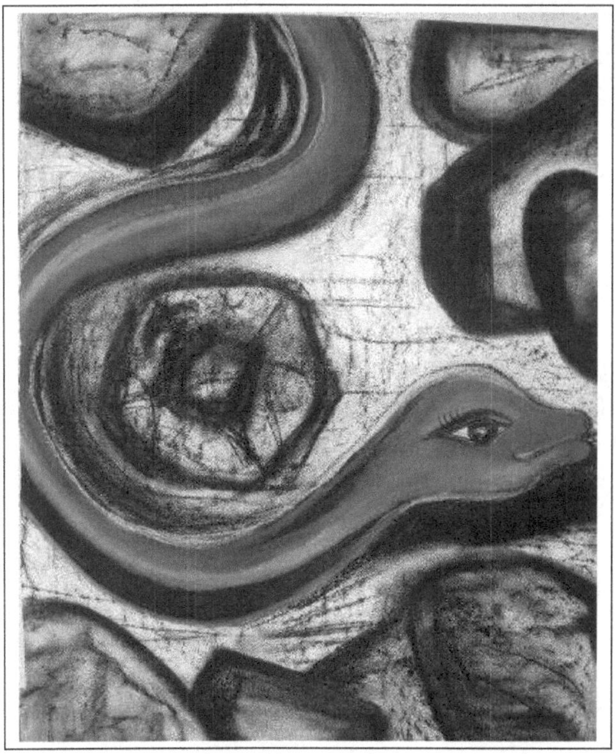

P.exprime la tendresse qu'elle associe au chien. Elle l'a choisi comme animal car son thème principal est l'amour inconditionnel qu'elle associe au chien et qui l'inspire.

G trouve que le thème l'a fait réfléchir notamment à travers la fable qu'elle a écrite avec Al. Elle trouve qu'elle a tendance à se fixer des buts peut-être déconnectés de la réalité et qu'elle doit être plus terre à terre.

La qualité de l' image de A. est éloquente. Il était absent pour le bilan final.

J.le solitaire dit que l'ours qu'il a choisi est dans le trou qu'on voit à côté d'une grosse pierre telle qu'il s'en trouve une sur le chemin de son chalet. Un peu comme le mouton du petit prince de Saint-Exupéry qui est dans la boîte.

Atelier 10

Les séries d'ateliers se terminent par un retour en groupe sur l'ensemble des réalisations. C'est le moment pour chaque participant de récupérer les diverses créations. Toutes les œuvres sont mises sur la table et on peut apprécier la production de chaque participant et observer le cheminement autant psychologique qu'artistique. On peut voir comment chacun prend de l'assurance et révèle ses dons de plus en plus en se familiarisant avec les matériaux, en appréciant les techniques artistiques proposées pour mobiliser l'expression des idées et des sentiments.

La dernière rencontre se fait sur une base individuelle afin de fournir à chaque participant un espace plus intime avec l'art-thérapeute qui permet de partager des impressions ou des questionnements que la personne n'a pas abordé dans le groupe pour diverses raisons. Cela complète la démarche groupale en offrant une évaluation plus personnelle de la participation et préparer s'il y a lieu la participation à une prochaine série d'ateliers.

Voilà donc une explication des œuvres créées et comment elles ont servi d'outils de croissance dans un cadre à la fois ludique, soit un jeu créatif, et une modalité de libérer le potentiel humain de chaque participant(e)s.

Profil des participant(e)s

L. qui a choisi l'oiseau est une femme qui semble jeune, religieuse par ses commentaires. Elle semble avoir un besoin et une réserve pour entrer en communication en même temps elle s'intéresse beaucoup aux productions des autres dans le groupe.

J. qui a choisi l'ours est un homme plutôt solitaire. Il arrive avec ses écouteurs et écoute de la musique. Il semble avoir pris plaisir à cette aventure de création. Il exprime son besoin de liberté et d'autonomie. Il est plutôt renfermé sur lui-même et manque souvent les ateliers. Il est tout de même accessible et rigole avec le groupe notamment avec les masques.

Al. Qui a choisi le serpent a une formation comme enseignante et s'intéresse à l'art. Elle a aidé spontanément d'autres participantes. Elle a une maîtrise du dessin qui se démarque dans ses œuvres. Elle est mère monoparentale d'un fils de 11 ans. Elle suit beaucoup d'ateliers (Les Impatients, et autres)

Ly. Qui a choisi un chat, est assez mal en point et a manqué plusieurs ateliers mais elle a participé intensément à une bonne quantité et semble malgré sa maladie y trouver du plaisir. Elle a des chats et cet animal est proche dans son expérience. Elle a travaillé avec G. pour écrire Le serpent et l'écureuil.

G. est une femme qui est au CAP depuis plusieurs années. Elle a beaucoup fait de tissage mais aussi de l'art-thérapie. Elle a beaucoup d'habiletés pour le dessin, la peinture et la sculpture. Elle est très enthousiaste dans sa participation et s'intéresse beaucoup au processus.

P. aime les chiens. Elle a pu s'exprimer sur ce thème. Elle s'intéresse beaucoup à l'art-thérapie et suit beaucoup d'ateliers au CAP y étant inscrite à plein temps. Elle a diverses passions, peindre, dessiner et aussi écrire (poèmes contes etc) qu'elle récite. Elle s'implique dans des tâches. «elle a travaillé avec Ly pour écrire la fable Le chien et le chat.

N.a choisi le chat. Elle vit dans une résidence. J'imagine qu'elle a un chat. Elle semble avoir beaucoup retiré de l'atelier, et s'est inscrit pour une autre session. Elle a pris du plaisir à écrire la fable avec L, pour L'oiseau et le chat

Ay. Est un jeune homme qui a beaucoup de talent comme peintre et dessinateur. Il a un style à lui. Il a choisi le cheval et a su y mettre sa touche personnelle. Il a manifesté de la facilité pour la création d'une fable que nous avons écrite ensemble.

Conclusion

Cette expérience m'a été extrêmement enrichissante, J'ai pu observer comment le thème animalier rejoint les participants et leur apporte du plaisir. Ils expriment beaucoup de sentiments à travers ces animaux qu'ils ont choisis d'explorer et interagissent de façon spontanée laissant tomber leurs défenses et osant créer des situations relationnelles qui permettent des projections affectives (solitude, besoin de rapprochements etc)

C'était une première expérience. Il n'y avait pas de philosophie ou d'archétypes particuliers mais plutôt un espace potentiel de rencontre avec soi-même et avec les autres. Les fables transposent les comportements humains et permettent d'aborder des dynamiques relationnelles et d'engager un dialogue, des discussions sur comment les humains sont reflétés dans ceux-ci et comment nous pouvons en tirer des leçons selon notre compréhension des relations avec les autres et trouver des pistes de réflexion, d'exploration et d'évolution dans une approche ludique.

Réflexion sur l'art-thérapie

Dessiner, peindre, sculpter qui sont habituellement considérés comme des arts sont devenus des outils de thérapie. J'ai moi-même fait une thérapie par l'art pendant ma formation, voulant vivre l'expérience et voir comment cela se passait. Le domaine de l'art-thérapie est maintenant étendu à la musique, la danse, le mouvement, l'écriture et le théâtre. On peut même utiliser l'ordinateur à des fins thérapeutiques.

En 1991, je me suis intéressé à la généalogie pour trouver mes racines et m'aider à trouver mon identité . J'ai consacré plus de vingt-cinq années à cette recherche qui m'aidait à mon estime de soi.

2017, j'ai décidé d'écrire un livre sur mon expérience d'accompagnement. de personnes depuis 32 ans, par l'art-thérapie espérant faire une différence dans la vie des gens. Lorsque j'avais eu l'occasion de participer à des ateliers d'art-thérapie, j'en ressortais toujours apaisé, réconforté par l'effet d'avoir exprimé quelque chose que je ressentais par l'image. . L'image qui traduisait mon ressenti m'impressionnait toujours.

Au début de ma carrière d'art-thérapeute, je trouvais un moment à la fin de la journée, pour dessiner. Parfois les images me venaient de mon parcours depuis l'enfance mais d'autres m'intriguaient par leur mystère. J'ai ainsi accumulé une série de dessins J'ai par la suite commencé à écrire mes impressions sur ces images et comment elles traduisaient mes expériences de vie. J'étais loin de penser quelles m'inspireraient une démarche nouvelle à proposer dans mes ateliers.

Mon travail a toujours consisté à m'intéresser au mystère des images des autres et à utiliser des méthodes de les faire émerger. J'aimais voir comment chaque personne pouvait expliquer comment elle se voyait reflétée dans ses dessins.

Grâce à mes participantes j'ai pu constater que leurs images suite à ma nouvelle démarche que j'avais intitulée la recherche du mythe personnel avait apporté de l'espoir dans leur vie au-delà de ce que les images racontaient à première vue.

En regardant mes dessins, j'ai trouvé non seulement le mythe personnel, mais aussi le destin, des personnages de la mythologie et un processus de révision de vie. J'avais envie de partager cette démarche dans un livre sans nécessairement le proposer comme des exercices à suivre. Il est possible que cette lecture vous inspire un intérêt pour l'art-thérapie ou le dessin et la peinture avec une nouvelle perspective.

Je propose donc une aventure de généalogie et d'art-thérapie comme un moyen de mieux comprendre le parcours de votre vie et ce qui lui donne un sens. J'avais entendu l'expression « mythe personnel » et j'étais intrigué par ce que cela signifiait. Est-ce que nous incarnions une version de «superman » ou de « spiderman » ou encore d'Œdipe ou d'Orphée. J'espérais découvrir quel mythe j'incarnais.

La thérapie par l'art pouvait donc vouloir dire trouver, notre parenté mythologique. Ce mythe pouvait nous inspirer dans notre quête identitaire à saisir notre individualité. J'ai trouvé par exemple mon lien avec le personnage de Persée, fils de Zeus et de l'humaine Danaë, et son aventure mythique.

J'ai découvert la perspective de Denis Hertz sur le mythe personnel qui voit notre vie comme une série d'étapes nous aidant à comprendre le processus d'évolution de notre parcours.

La lecture de *Le code caché de votre destiné de James Hillman* m'avait été réconfortante bien qu'elle faisait appel à la croyance au destin. Il s'agissait de croire que j'avais choisi cette vie et qu'elle avait un sens qui se révélait par son aboutissement. Dans tout destin il s'agit de voir le fil conducteur du parcours. À soixante-seize ans, je pouvais voir le mien. J'avais maintenant la possibilité de faire confiance à ce destin que je portais en moi et de me connaitre à travers lui. Le deuxième chapitre est donc consacré au destin mais aussi à la généalogie.

Les dessins que j'avais exécutés en 1987, comportaient des rappels des périodes de ma vie à des moments précis. Il existe une démarche appelée processus de révision de vie utilisée auprès des personnes âgées. Je me disais que sans le nommer ainsi, j'avais utilisé ce processus en faisant mes images.

Il y a quelques années, je m'étais intéressé au reparentage, une approche développée par Jackie Lee Schiff, une élève d'Eric Berne qui avait créé l'analyse transactionnelle. Avec Schiff, la thérapie pouvait consister à faire une récapitulation de vie et de voir quels conflits étaient demeurés irrésolus dans notre parcours. Nous pouvions pratiquer l'apaisement des émotions reliées à ces conflits, ce qu'elle appelle le reparentage. Ces sentiments apaisés, nous pouvions poursuivre notre vie libéré de cette charge émotionnelle.

À quel moment de votre vie lisez-vous ce livre? Quel âge avez-vous? Sentez-vous que vous traversez une période où vous n'avez plus de repères qui vous satisfont? Les préoccupations de nos 30 ans ne sont pas les mêmes que celles de nos 50 ans ni celles de nos 70 ans.

Vous êtes possiblement à l'aube d'un changement, qui vous a fait vous intéresser à ce livre. Une révélation vous attend peut-être, si vous êtes prêt à écouter où s'en va votre vie. Mon expérience autobiographique est une œuvre à venir. En espérant que mon aventure avec l'art-thérapie que j'ai partagée dans cet ouvrage vous a inspiré.

FSC
www.fsc.org
MIX
Papier | Fördert gute Waldnutzung
FSC® C083411

Kolibri 360 GmbH
Ferdinand-Jühlke-Straße 7
99095 Erfurt, Deutschland
produktsicherheit@kolibri360.de

Druck:
CPI Druckdienstleistungen GmbH
im Auftrag der
Kolibri 360 GmbH
Ferdinand-Jühlke-Str. 7
99095 Erfurt